精编视频学习版

拳击运动入门教程

高振国 编著

人民邮电出版社
北京

图书在版编目（CIP）数据

拳击运动入门教程 ： 精编视频学习版 / 高振国编著
. -- 北京 ： 人民邮电出版社，2024.5
ISBN 978-7-115-62529-8

Ⅰ. ①拳… Ⅱ. ①高… Ⅲ. ①拳击－教材 Ⅳ.
①G886.1

中国国家版本馆CIP数据核字(2023)第155689号

内 容 提 要

本书通过真人示范图解的形式，先后对拳击的基本姿势与动作技术，拳击的进攻、迎击与反击技术，拳击的组合技术，以及拳击的辅助训练进行了讲解与展示。与此同时，本书还提供了可免费观看的配套动作演示视频，以帮助练习者降低理解难度，快速提升实力。本书既可作为拳击初学者的入门指南，又能为拳击教练提供较为系统、实用的教学素材。

◆ 编　　著　高振国
责任编辑　刘日红
责任印制　彭志环
◆ 人民邮电出版社出版发行　　北京市丰台区成寿寺路 11 号
邮编　100164　　电子邮件　315@ptpress.com.cn
网址　https://www.ptpress.com.cn
北京市艺辉印刷有限公司印刷
◆ 开本：700×1000　1/16
印张：9　　2023 年 5 月第 1 版
字数：146 千字　　2023 年 5 月北京第 1 次印刷

定价：39.80 元

读者服务热线：(010)81055296　印装质量热线：(010)81055316
反盗版热线：(010)81055315
广告经营许可证：京东市监广登字 20170147 号

作者介绍

高振国，1960 年出生，毕业于沈阳体育学院和大连工学院（1988 年更名为大连理工大学）。2002 年开始任国家级教练员，技术三级，是 1986 年中国恢复拳击运动后的第一批教练员，曾先后担任过国家拳击男女队副总教练、总教练、教练组组长，带队参加过 2000 年悉尼奥运会和 2008 年北京奥运会，并多次带队参加世界锦标赛、亚运会、亚锦赛等国际重大赛事。先后培养出中国第一位女子拳击世界冠军张毛毛、第二位世界冠军张喜燕，后者也是第一位在世界锦标赛中获得最佳技术风格奖的中国拳击运动员。在职业拳击方面，培养了中国第一位世界拳击理事会（WBC）世界女子职业拳击 72.5 公斤级拳王王亚囡。2005—2008 年，担任中国拳击队副总教练兼中大级别组组长，在此期间和教练组的教练员共同努力，培养出奥运冠军张小平、亚军张志磊等。1987—2020 年，为国家累计培养出世界冠军、亚洲冠军和全国冠军 100 多人，是 2019 年国家体育总局荣誉奖章获得者。

目录

第 1 章 基本姿势与动作技术 / 1

第 4 章 辅助训练 / 121

第①章

基本姿势与动作技术

优秀的拳手应具备扎实的基本功、熟练的拳击技战术、强大的心理素质和良好的心智。因此，先要了解拳击运动的基本姿势和技术动作，才能更深入地进行拳击运动的学习。

1.1 基本姿势

拳击的基本姿势是所有学习拳击的人必须掌握的，拳击的进攻、反击和防守都是由基本姿势开始的。基本姿势要求拳手重心稳固、移动灵活、能攻能防、攻防互换自如。

1.1.1 右势

右势拳击姿势即左手在前、右手在后的姿势，使前手具有较大的出拳空间，这种右手可重拳击打的拳击姿势是多数拳手的基本姿势，因此本书后文除另作说明外均以右势作为基本姿势展开讲解（左势动作相同、方向相反）。

技术要点

站立时左脚在前，尽可能收紧下颌，左拳位置约与视线齐平。

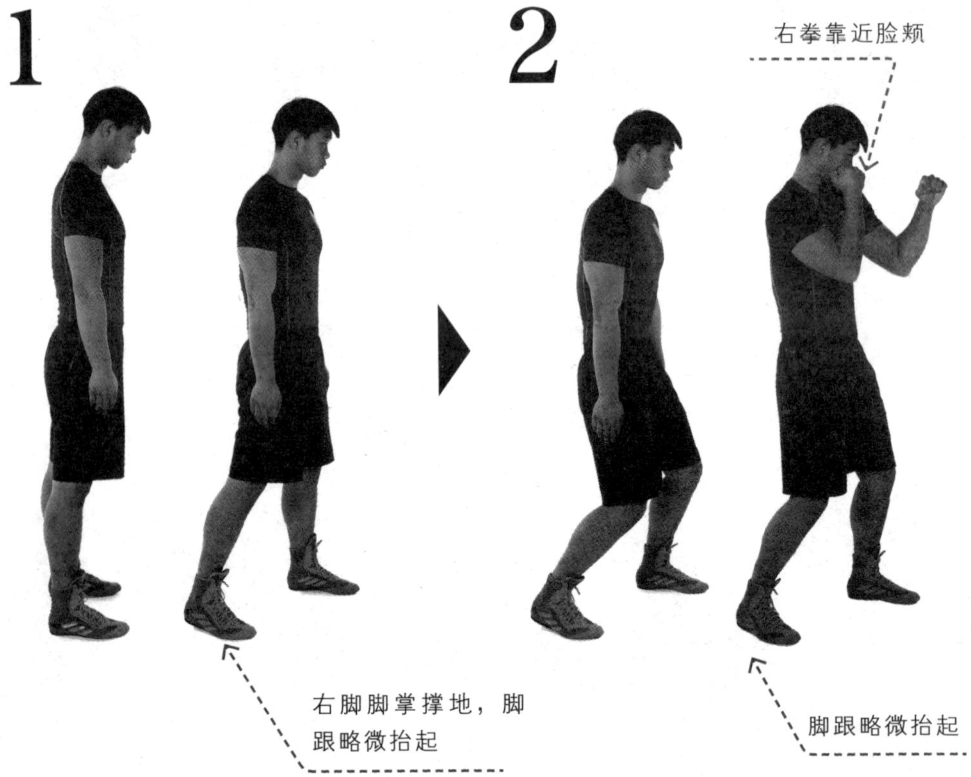

◎ 步骤

① 两脚分开站立，与肩同宽。两手自然下垂，置于身体两侧。右脚向后撤步，后脚脚掌撑地，脚跟略微抬起，两脚间距与肩同宽。两脚内侧间距一脚宽或 20 厘米左右，前脚内扣 30° ～ 45° 。身体重心落于两腿之间。

② 两膝微屈，保持重心稳定。两手抬起，拳心相对，双拳与脸部等高，但不能高于眼部，也不能低于下颌。左手在前，屈肘 90° 左右，可率先出拳攻击；右手在后，置于下颌的侧面，拳心靠近脸颊做防御准备，屈肘小于 90° 。下颌略向内收紧观察对手，微微转身侧向对手。

1.1.2 左势

左势拳击姿势即右手在前、左手在后的姿势，动作要领与右势相同但动作相反。拳击练习者都会形成自己的习惯姿势，在训练初期应保持同样的姿势进行练习。在熟练掌握拳击的左势和右势的基础上，也可以左势换右势、右势换左势进行练习。

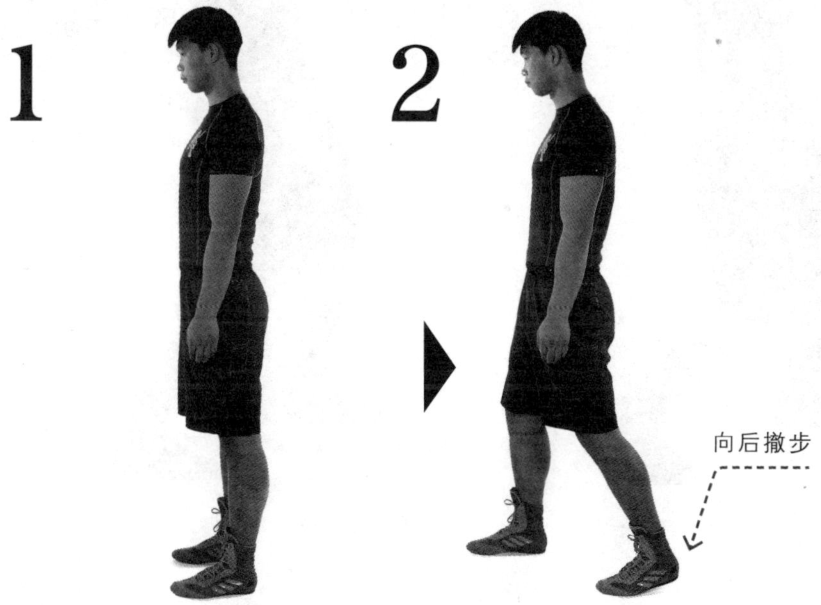

◎ 步骤

① 动作要领与右势相同，即两脚与肩同宽，两脚内侧间距一脚宽或 20 厘米左右。两手自然下垂，置于身体两侧。

② 左脚向后撤步，右脚在前，两脚间距与肩同宽。

技术要点

站立时右脚在前，尽可能收紧下颌，右拳位置约与视线齐平。

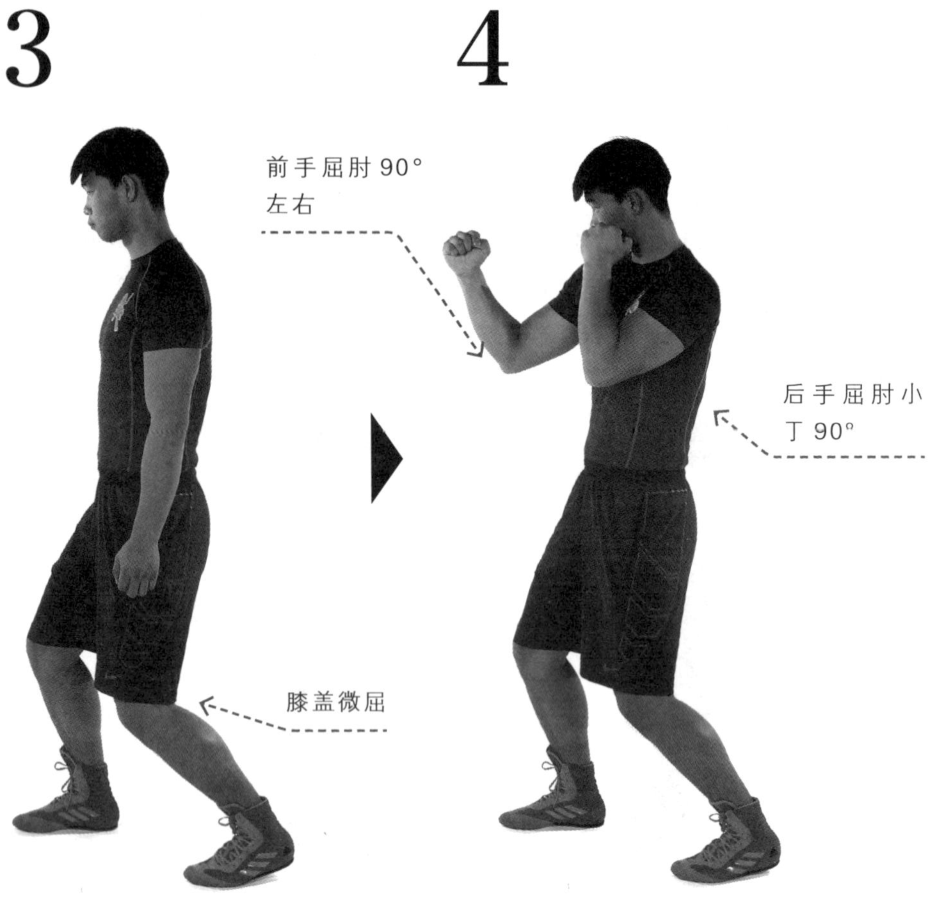

⊙ 步骤

③ 两膝微屈，收腹含胸，重心位于两腿之间 。

④ 两手抬起，拳心相对，双拳与脸部等高，但不能高于眼部，也不能低于下颌。右手在前，屈肘 90° ，做好攻击准备；左手在后，屈肘小于 90° ，做防御和重拳击打准备。下颌略向内收紧，收腹含胸，眼睛观察对手，身体稍侧向对手。

1.2 基本拳法

拳法是拳击运动的基础，拳法的规范与否决定着动作的质量高低。在对抗时，拳法应配合腿部、腰部和肩部的力量出拳。

1.2.1 直拳

直拳指的是从出拳到击中目标，拳头的出拳轨迹呈直线的击打方式。直拳是拳击技术中的基础拳法，也是拳手最常用的拳法之一。

前手直拳

前手（左手）直拳攻击是拳法攻击的基础。前手与攻击目标之间的距离越短，越有利于使用前手直拳进攻。

技术要点

前手直拳的作用是干扰、试探对手，阻击摆脱对手攻击，也可以有效地攻击对手，为后续攻击动作创造条件。

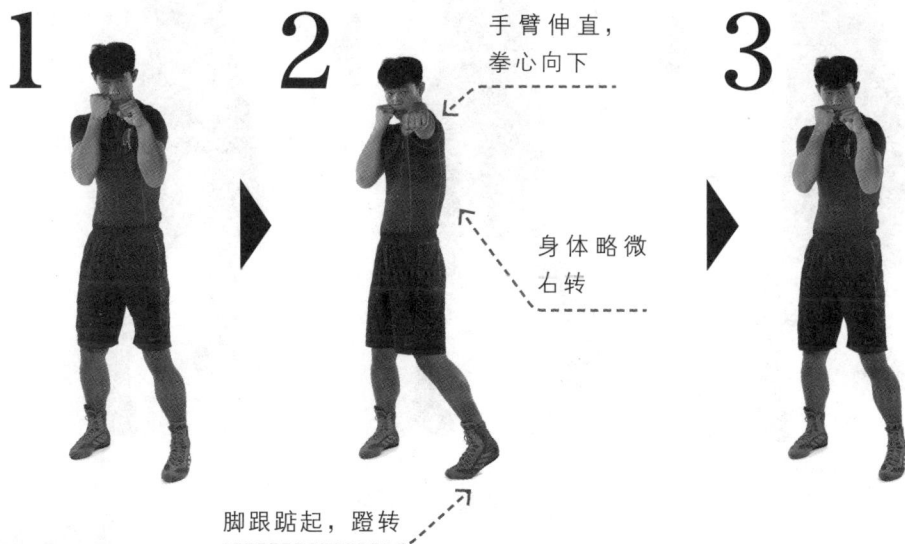

⊙ 步骤

① 由基本姿势准备，左脚在前。

② 前脚脚掌蹬地并向右转动，脚跟提起 2 厘米左右。同时转髋转肩，推动前臂、肘、手击打到下颌的前方。需要注意的是，肩、肘、腕、手处在一条直线上，身体转动是由脚发力的。后手拳置于下颌位置，贴在右侧脸颊。

③ 出拳后，前手、肘、肩、髋、脚同时快速收回，恢复基本姿势。

后手直拳

后手（右手）直拳与前手直拳动作技巧相同，方向相反。后手直拳比前手直拳力量大，适用于远距离攻击。因为后手距离对手较远，所以出拳时身体动作的幅度较大，出拳速度与前手直拳相比较慢。

技术要点

后手直拳适用于远距离攻击，注意出拳时肩、肘和手处在一条直线上。

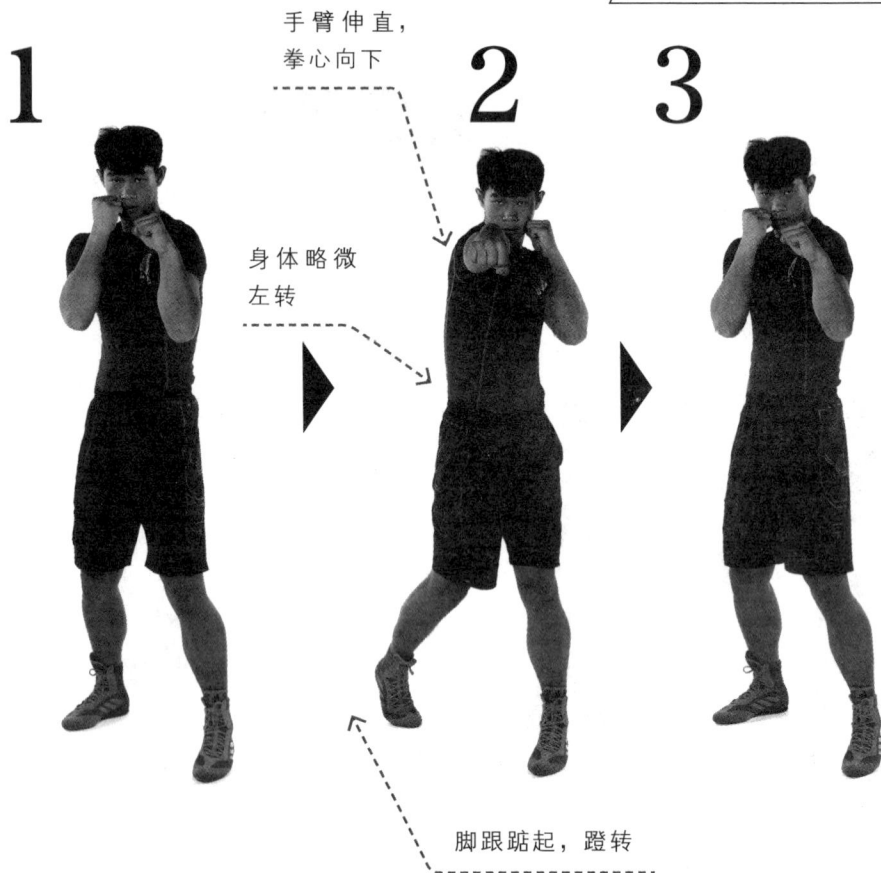

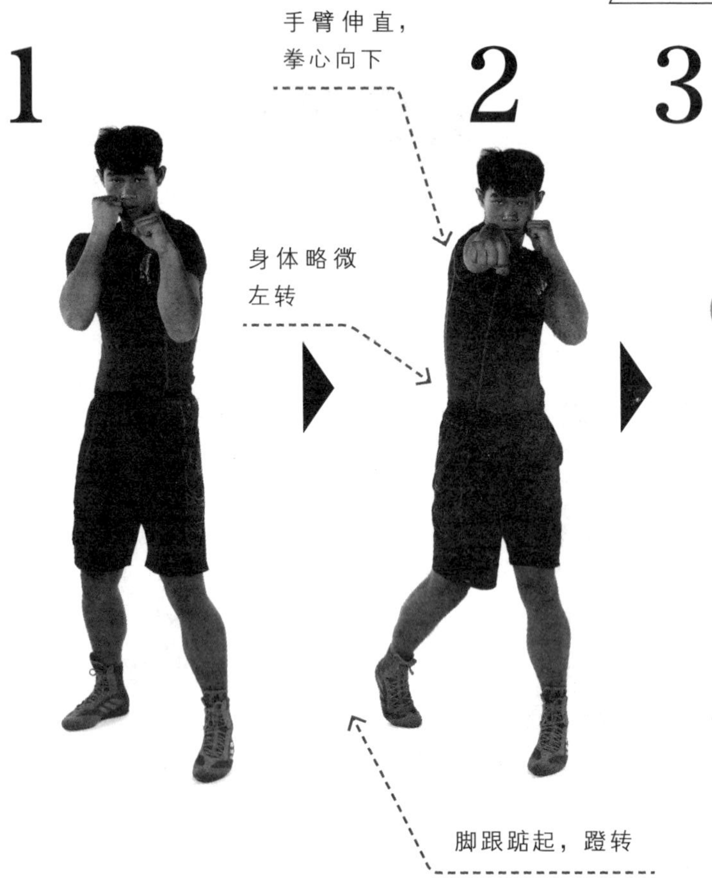

◎ 步骤

① 由基本姿势准备，左脚在前。

② 后脚略微转动，脚掌蹬地。腰胯转动，右肩向前送出，后手迅速出拳。后手手臂伸直，拳心向下，低于眼睛部位。肩、肘、手处在一条直线上。前手护于脸部，肘护于体侧。

③ 出拳后，后手、肘、肩、髋、脚同时快速收回，恢复基本姿势。

1.2.2 刺拳

刺拳指的是从出拳到击中目标，身体一直沿直线进行运动的击打方式。刺拳是拳击技术中的基础拳法，也是常用的拳法之一。

技术要点

刺拳是一种对攻击和防守都十分有利的拳法，但只适用于前手。该拳法既能够快速地击打对手的面部和上身，又可以干扰对手的进攻节奏，以调整双方距离，能起到攻防兼备的作用。

在进步和退步过程中一定要保证步法的连贯性和灵活性，手部动作与脚部动作相互协调。与直拳相比，刺拳速度更快，连续性更强。在击打过程中，肘部不能率先提起，后手始终放在脸部位置保护下颌。

1

2

⊙ 步骤

① 由基本姿势准备，左脚在前。后脚蹬地，前脚快速向前迈进半步，后脚迅速跟进。肘关节快速伸直，以拳峰击打对手头部。收拳速度要快，待肘关节收回一半时迅速进行第二次击打，可以连续击打 3~4 拳。同时也可以连续 2 次或 3 次出拳，配合步法进行击打。

② 前手攻击完成后，迅速收回并恢复基本动作。手肘处弯曲角度略大，为后续攻击做准备。紧接前面动作继续向前进步，同时出拳攻击，要求前后动作保持一致。

1.2.3 摆拳

摆拳是从侧面向对手发起攻击的拳法。打摆拳时，身体扭转方向与出拳的方向相同，以分散对手的注意力。摆拳的攻击力度较大，但攻击路线较长，不具有隐蔽性，若击打落空容易使自身失去平衡。

前手摆拳

前手摆拳是使用较多的摆拳形式，与直拳相比，使用好前手摆拳难度较大。

技术要点

练习前手摆拳时动作要一气呵成，后手始终置于脸侧以保护下颌。在前手动作完成后，马上恢复基本姿势。

⊙ 步骤

① 由基本姿势准备，左脚在前。

② 前脚蹬地，膝部内旋、转髋，转肩抬肘的同时前臂向身体的侧前方沿弧线出拳，拳心向下或朝向侧面，用拳峰部位击打。上述动作需要在同一时间内完成。摆拳动作难度大，出拳不规范易造成犯规（如用拳心击打即为犯规，规则叫犯规开掌击打）。

③ 击打时，手肘与肩齐平，高于下颌、低于眼部。肘关节弯曲大于 90 °，此时拳心向下或朝向侧面，力量聚集于拳峰部位。

后手摆拳

后手摆拳与前手摆拳的动作基本相同，但后手摆拳需要腰、胯、腿有较大幅度的转动，且动作较大，速度慢，多为重拳。后手摆拳多与前手摆拳和直拳配合使用，可给予对手重击。

技术要点

后手摆拳需要腰、胯、腿有较大幅度的转动，训练时注意这些部位转动的顺序。

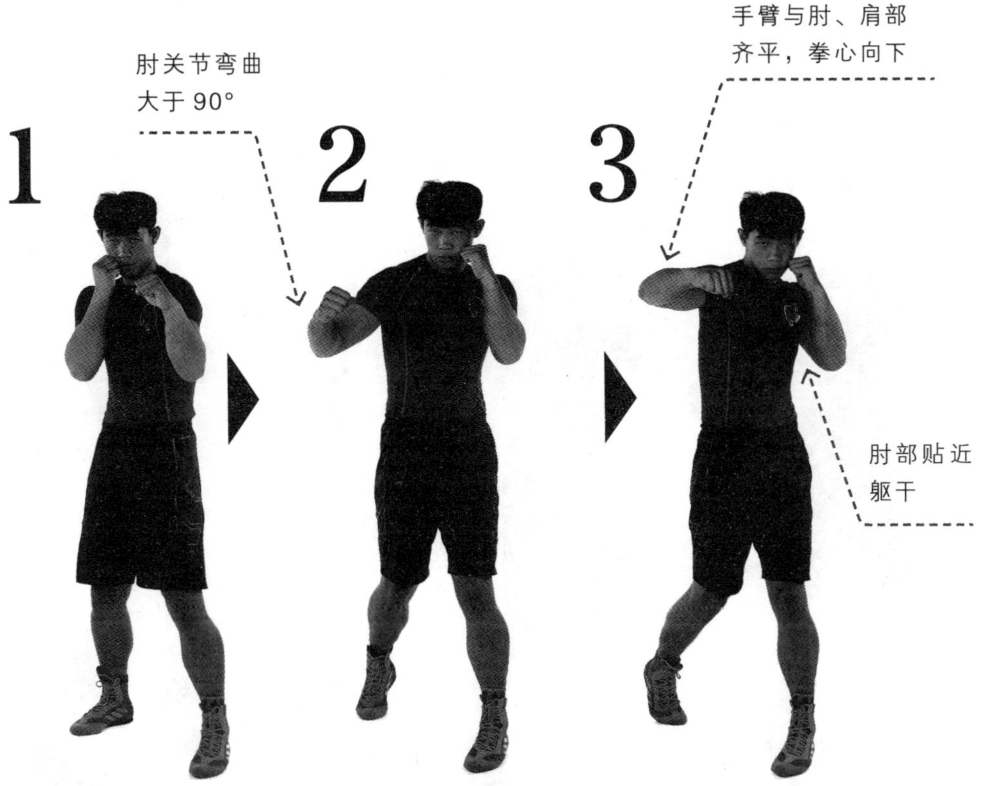

⊙ 步骤

① 由基本姿势准备，左脚在前。

② 左脚在前，保持身体稳定，后脚发力蹬地，扭转身体带动后手摆拳。摆拳时，肘关节弯曲大于90°，右手手臂微向内旋，手肘上抬。

③ 腰、胯、肩扭转，后脚蹬地，带动上身略微向左转动。后手手臂与肩部齐平，前手始终护于面部，前肘离躯干越近越好。

1.2.4 上勾拳

上勾拳适用于中、短距离的攻击，只有在中、短距离内才能发挥攻击效果。上勾拳可以有效攻击对手的身体和头部。

前手上勾拳

技术要点

前手上勾拳出拳时，要将身体左肩向前送，顺势击打，后手始终护于脸侧。

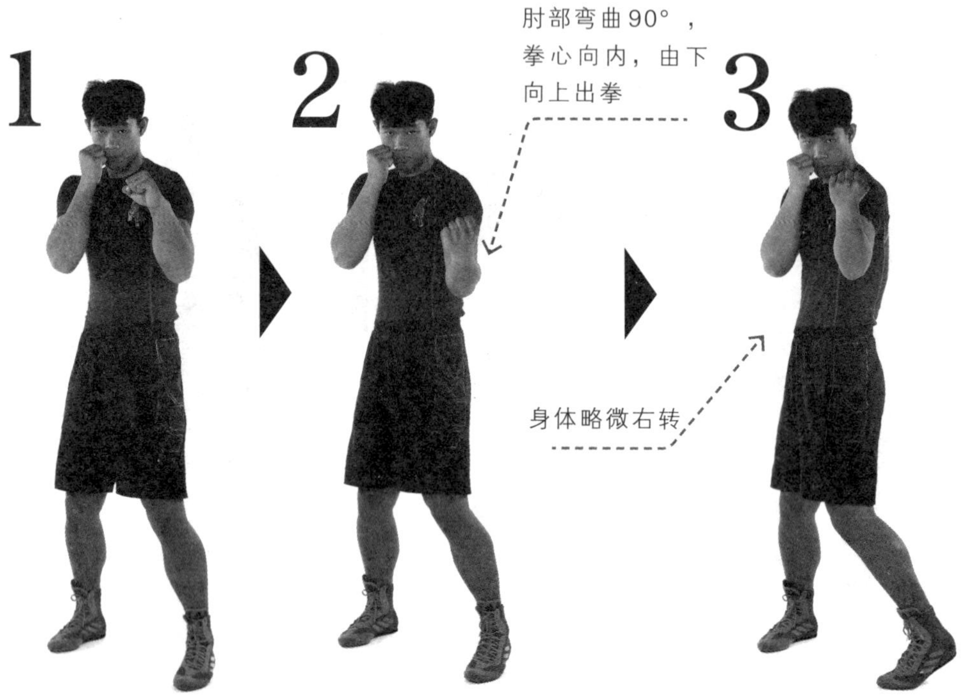

步骤

① 由基本姿势准备，左脚在前。

② 上身稍向左转动，前脚蹬地，膝部稍微内旋，转髋转肩，前手迅速离开起始位置。屈肘90°，左拳向身体左前方送肩击打。

③ 前脚的脚掌蹬地，上身略向右转。手臂继续向上，前臂略微前伸，手肘弯曲90°或小于90°。后手护于脸侧。该步动作需在同一时间内完成。

后手上勾拳

技术要点

后手上勾拳出拳时，拳心向内，用拳峰攻击对手。

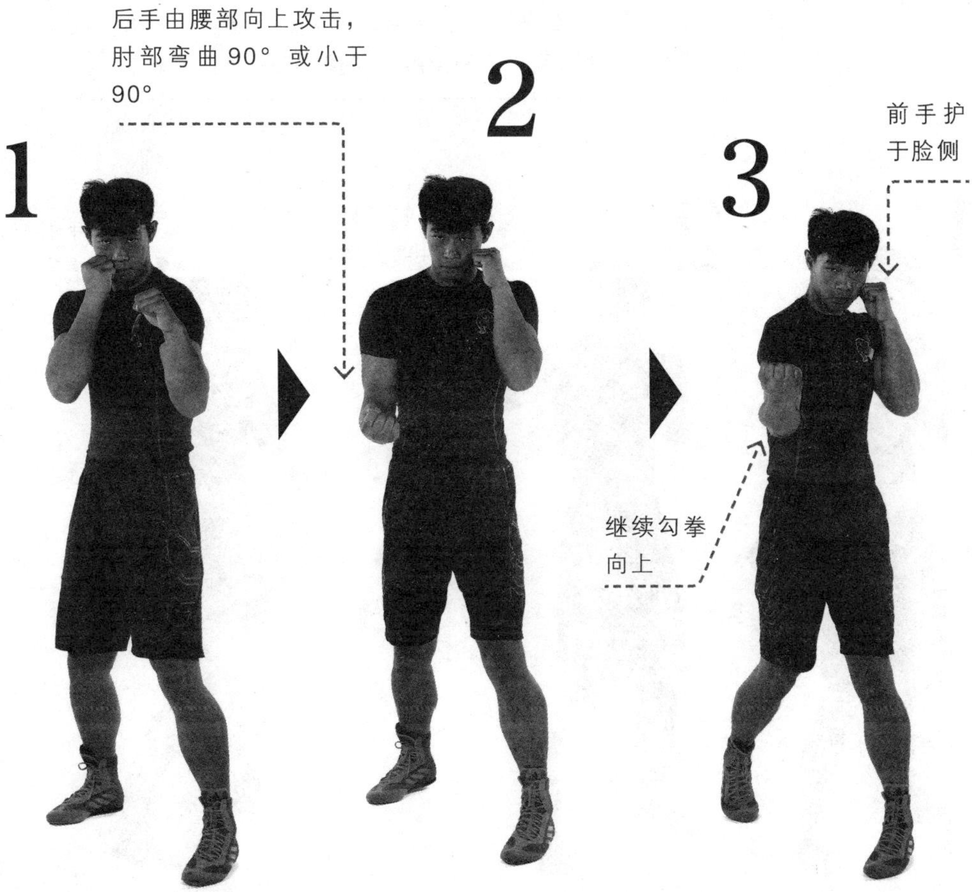

⊙ 步骤

① 由基本姿势准备，左脚在前。

② 后手微屈，后肩向下，后脚蹬地，后手的拳由腰部向上击打对手。

③ 后手上勾拳动作的顺序和前手上勾拳一样，只是动作方向相反。后脚蹬地、转髋、送肩，手肘部位弯曲 90° 或小于 90° ，右手的拳沿身体右侧前方击打，拳心向内，用拳峰击打对手腹部或头部。

1.2.5 平勾拳

平勾拳是横向的攻击，可以有效攻击对手的两颊、下颌和颈部侧面。平勾拳分为前手平勾拳和后手平勾拳两种。

前手平勾拳

技术要点

前手平勾拳要先提起手肘，然后上抬至与肩部齐平，整个过程中要利用腰部和髋部带动身体偏转。

⊙ 步骤

① 由基本姿势准备，左脚在前。

② 先将前手手肘提起，手肘处弯曲 80° ~ 90° 。利用腰部和髋部力量先将身体略向左转 10° 左右。

③ 前脚的脚掌蹬地，腰部和髋部带动上身向右偏转。手肘继续上抬至与肩部齐平，保持小于 90° 弯曲。用拳峰击打对手头部的侧面，后手护于脸侧。

后手平勾拳

技术要点

使用后手平勾拳击打时，注意拳峰不要超过鼻子侧面。

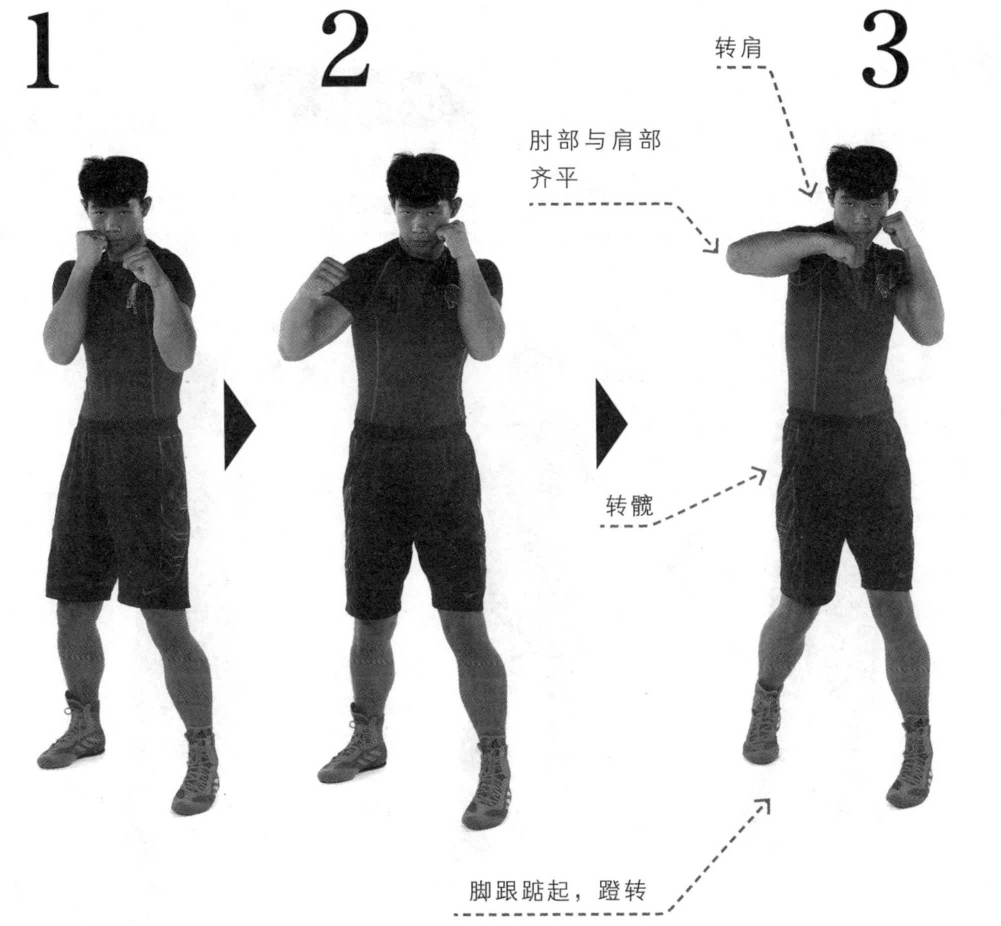

◎ 步骤

① 由基本姿势准备，左脚在前。

② 将后手手肘提起，手肘处弯曲 80° ~ 90° ，前手护于脸侧。利用后脚蹬地、转髋和转肩的力量带动身体略向左转。

③ 后手肘与肩齐平，借助后脚蹬地、转髋转肩的力量打出后手平勾拳。击打时拳心向下，拳峰不要超过鼻子侧面。

1.3 基本步法

在进攻与防守中拳手都需要使用灵活的步法进行移动。在对战时双方都在不断移动，这样既可以在快速移动中抓住机会攻击对手，又可以迅速躲避对手的攻击。

1.3.1 滑步

前滑步

前滑步可以用来配合多种拳法以前进的方式发起进攻，也可以调整自己与对手的间距，使自身占据优势位置。

技术要点

滑步高度离地面不要过高，同时注意不要跳跃，动作轻盈迅速即可。

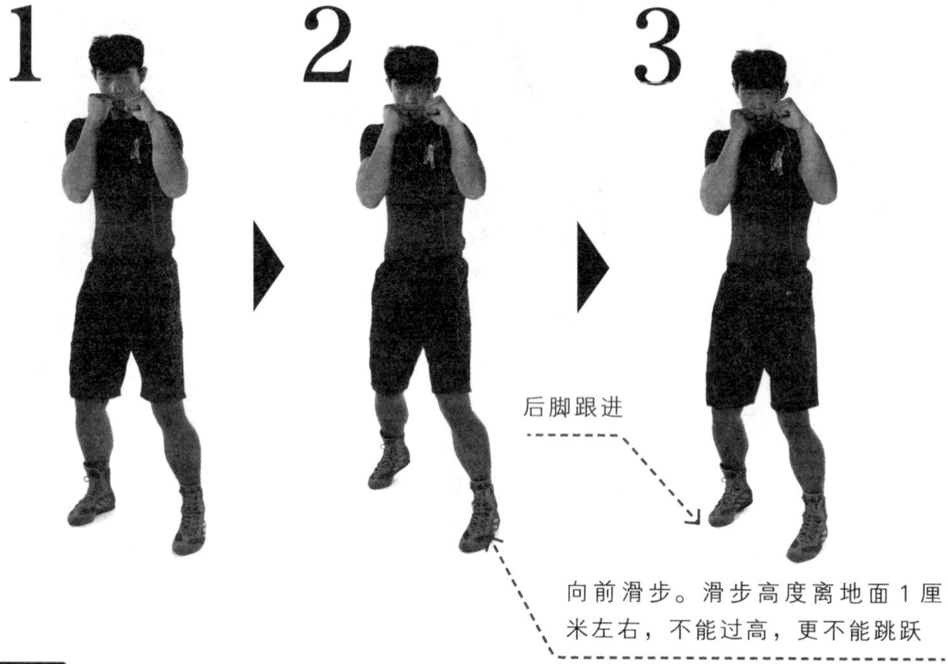
1
2
3
后脚跟进
向前滑步。滑步高度离地面1厘米左右，不能过高，更不能跳跃

⊙ 步骤

① 由基本姿势准备，左脚在前。

② 后脚的脚掌短促蹬地，脚跟踮起，前脚向前滑出20～30厘米。

③ 后脚快速向前跟进，恢复基本姿势。两脚间的距离仍保持与基本姿势相同。滑步时上身保持平稳，不能有大的晃动。

后滑步

后滑步是一种退步防守和攻击的步法，一般多用于防御状态下，以找准时机迎击或反击，也可以单纯地防御。

技术要点

后滑步可以在对手进攻时起到防御的作用，找准时机进行反击和进攻的能力要在对练过程中不断摸索。

基本姿势与动作技术

1　　　　**2**　　　　**3**

后脚向后撤一步。后滑步时两脚距离地面1厘米左右。后滑步的距离一般为 20 ~ 30 厘米

进攻、迎击与反击技术

组合技术

◉ 步骤

① 由基本姿势准备，左脚在前。

② 前脚蹬地，后脚向后撤一步。后脚掌撑地，脚跟稍提起。滑步时上身保持平稳。

③ 前脚迅速向后撤，恢复基本姿势。两脚间距离与开始动作一致。

左滑步

左滑步用于向左移动，拳手可以在移动的过程中出拳进行攻击，也可以向左移动来躲避对手的攻击。滑步移动时脚底要贴近地面，不要跳跃。

技术要点

左滑步需要后脚脚掌向内侧蹬地进行配合，然后后脚要快速跟进，动作中要保持上身平衡。

⊙ 步骤

① 由基本姿势准备，左脚在前。

② 后脚脚掌向内侧蹬地，前脚贴近地面 1 厘米左右，向左侧快速滑动一步。

③ 后脚快速跟进，身体重心落在两腿之间。移动过程中上身保持平稳，移动结束后恢复基本姿势。

右滑步

右滑步的动作要领与左滑步相同，但方向相反。同时需要注意的是，在移动过程中要以脚掌的内侧蹬地，从而稳定重心，保持身体平衡。

技术要点

右滑步需要前脚脚掌向内侧用力蹬地进行配合，过程中身体重心要保持平稳。

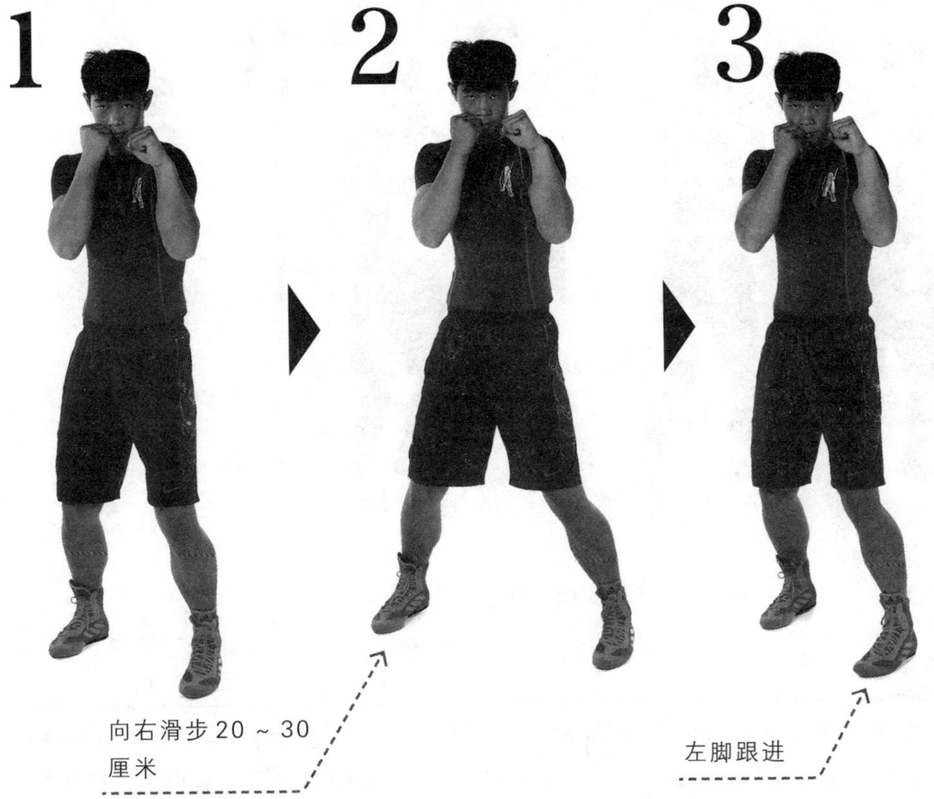

⊙ 步骤

① 由基本姿势准备，左脚在前。

② 前脚内侧用力蹬地，推动后脚向右侧滑步，滑出 20 ~ 30 厘米。

③ 后脚落地后，前脚迅速跟进向右侧滑步，两脚间仍保持同肩宽距离。滑步结束，身体重心落在两腿之间。移动结束后恢复基本姿势。

1.3.2 滑步并步

前滑步并步

在实际对战过程中，采用直拳从远距离向对手发起攻击要运用前滑步并步的步法。重要的是，前脚第一次滑进的距离不宜过长，后脚蹬地要迅速，中间不得有停顿。

技术要点

前、后滑步并步都要保持动作的连贯，中间不要有停顿，并且期间要保持上身稳定。

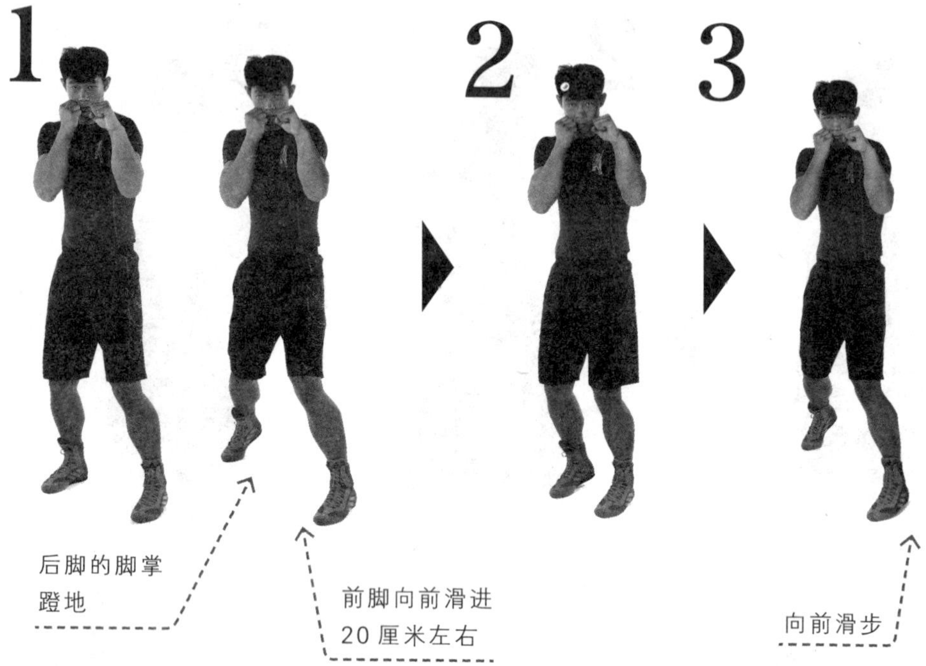

步骤

① 由基本姿势准备，左脚在前。后脚的脚掌快速蹬地，前脚向前滑进 20 厘米左右。右脚的脚掌撑地，内扣 30° ～ 45° 。

② 前脚落地后，后脚迅速向前跟进，以后脚前内侧位置着地。两脚间距小于肩宽，便于再次蹬地向前进步。

③ 后脚的脚掌快速蹬地，前脚向前滑进，前脚落地后，后脚迅速跟上。该动作可连续进行。

后滑步并步

在实际对战过程中，对手若猛扑进攻，可采用后滑步并步配合反击迎击对手。移动过程中动作要连贯，向后滑步时上身要保持平稳，不可向后仰。

1

2

3

4

⊙ 步骤

① 由基本姿势准备，左脚在前。

② 前脚蹬地，后脚向后滑约 20 厘米。

③ 后脚着地后，前脚快速向后退步，同时与后脚保持小于肩宽的距离。

④ 前脚迅速向后蹬地，后脚再次向后滑 30 厘米左右，保持身体重心平稳。该动作可连续进行，身体向后移动。

1.3.3 冲刺步

在实际对战中，冲刺步可用于进行长距离的击打。与前滑步相比，冲刺步滑动距离较长，移动时要将身体重心稍向前移，可提高前进速度。

技术要点

冲刺步的滑动距离较长，适当将身体重心前移可提高前进速度，同时需要后脚蹬地和脚掌落地的配合。

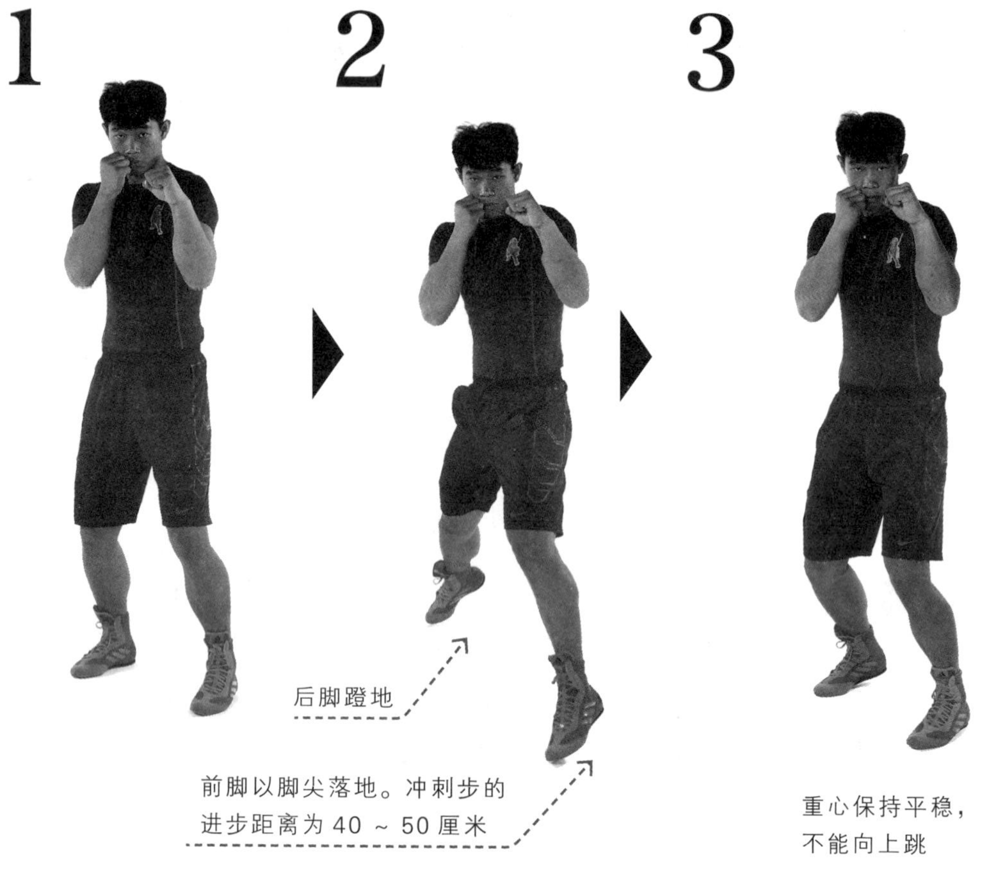
1
2
3
后脚蹬地
前脚以脚尖落地。冲刺步的进步距离为 40 ~ 50 厘米
重心保持平稳，不能向上跳

⊙ 步骤

① 由基本姿势准备，左脚在前。

② 后脚快速蹬地，同时前脚向前冲刺进步。在冲刺步的移动过程中，脚与地面的间距越小越好。

③ 前脚落地后，后脚快速向前跟进。两脚间保持同肩宽的距离，移动结束后恢复基本姿势。

1.3.4 斜进步

斜进步可以调整对抗双方的位置，让自己优先占据有利位置，以采取适当的防御和攻击措施。斜进步仍以滑步前进的方式移动，拳手可根据实际情况向左侧或右侧斜进步。

技术要点

斜进步以滑步前进的方式为基础，再根据情况或左或右斜向进步。斜进步时注意看准目标，迅速反应。

⊙ 步骤

① 由基本姿势准备，左脚在前。

② 后脚蹬地，前脚迅速向身体左侧斜向滑进一步，脚下移动 20 ~ 30 厘米。

③ 前脚滑步落地后，后脚快速跟进，移动结束后恢复基本姿势。

1.3.5 环绕步

在实际对战过程中，如果是双方对峙状态或想要破坏对手的进攻节奏，就可采用环绕步寻找对手的突破口，也可以借此躲避对手的攻击。环绕步要始终保持弧线移动，不可直线移动。

技术要点

注意练习环绕步时，要始终保持弧线移动，不要直线移动。

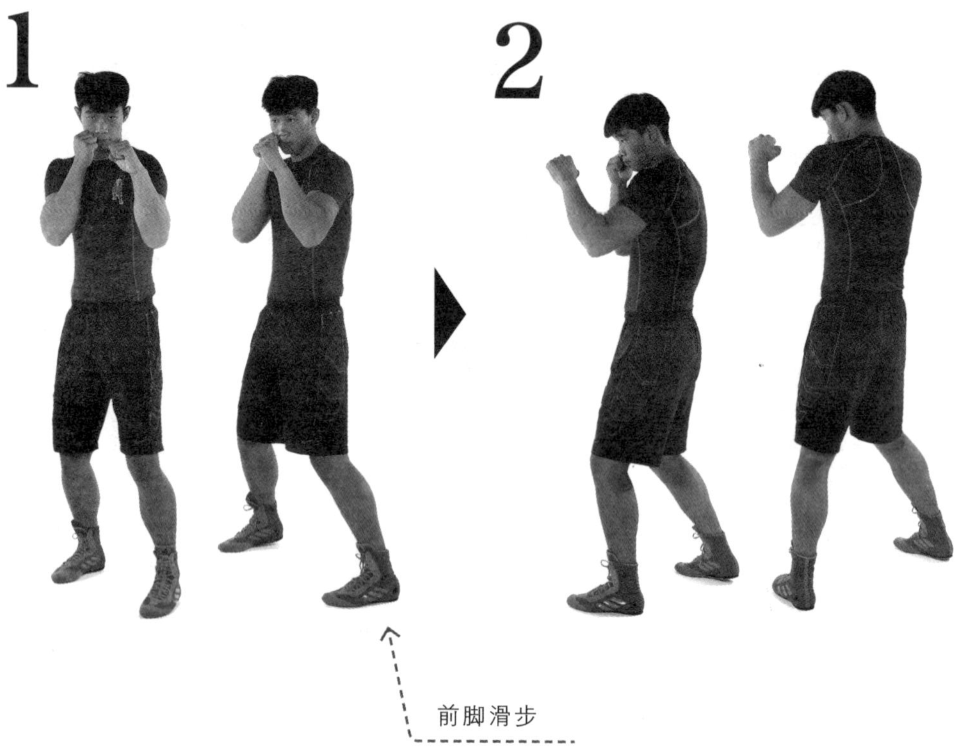

步骤

① 由基本姿势准备，后脚脚掌蹬地，前脚向左前方快速滑步移动。

② 前脚落地后，后脚向同一方向跟进，上身不可以起伏，平稳地随之转动即可。后脚落地后，前脚继续向左侧沿弧线滑步。

3

4

5

6

⊙ 步骤

③ 前脚落地后，稍向顺时针方向转体，后脚落于前脚斜后位置。此时，身体已经由基本姿势向顺时针方向转动了 180°。

④ 前脚继续向左前方滑步。

⑤ 前脚落地后后脚跟进。身体始终随脚步平稳移动。

⑥ 以相同方式继续移动，最后恢复基本姿势。在移动过程中，上身始终保持基本姿势，脚步始终以弧线前进。

1.4 基本防守

防守技术是拳击的基础。在拳击比赛中，拳手正确地利用防守技术可以有效地抵挡对手的进攻，起到破坏对手攻击节奏的作用。同时防守也是为了进攻，掌握防守技术可以有效地提高进攻速度和频率，增强进攻的力量，提高准确性。防守还可以耗费对手的体力，削弱对手的意志力。

1.4.1 闪躲防守

该防守是拳击防守技术中最具难度和危险性的防守方法，也是防守技术的最高境界，要求拳手胆大心细、判断准确。这种防守方式是在对手的有效进攻距离之内，能给对手造成巨大压力，为反击创造最佳时机的防守。

左侧闪防守

技术要点

左侧闪防守要注意以后侧脚的蹬转带动动作形成，同时用肘部保护两侧肋骨和腹部。

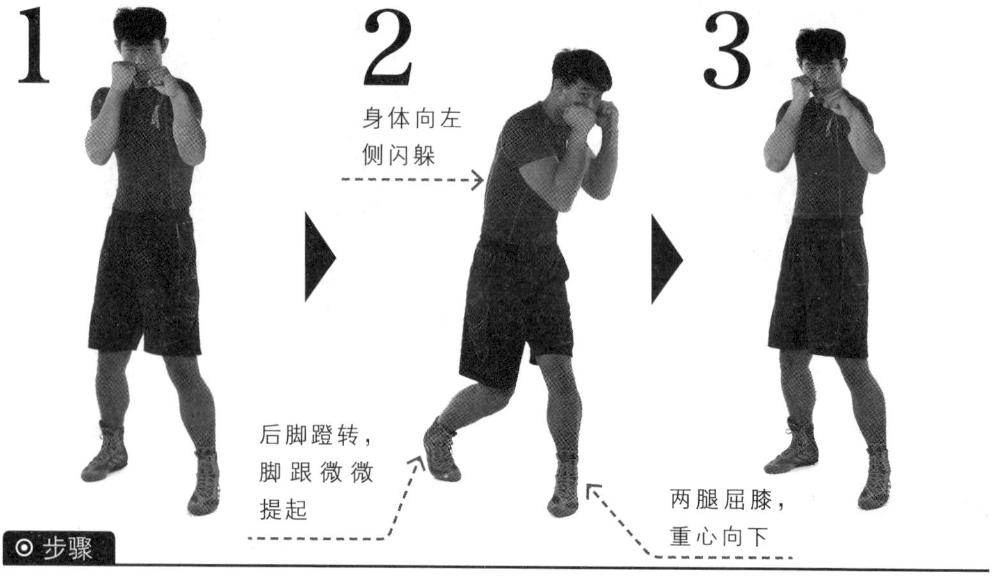

⊙ 步骤

① 由基本姿势准备，左脚在前。

② 面对对手攻击，两手迅速收回到下颌两侧，保护好头部；两肘自然下垂，置于身体两侧，保护好胸部和肋部。上身和腿、脚同时向左侧旋转 40° ~ 60° ，身体重心落在两腿之间，眼睛始终盯住对手。

③ 防守动作完成后，迅速进行攻击或继续防守或者恢复基本姿势。

右侧闪防守

技术要点

右侧闪防守与左侧闪防守动作要领一致，注意手脚的协调即可，防守时注意膝关节微屈。

◎ 步骤

① 由基本姿势准备，左脚在前。

② 面对对手攻击，双手收回保护下颌两侧，手臂护于胸部和肋部。两膝微屈，转髋转肩，将身体重心向右移动，前脚的脚掌蹬地推动身体转动，头部与上身向右侧闪躲，转动40° ~ 60° ，眼睛始终盯住对手。

③ 防守动作完成后，迅速进行攻击或继续防守或者恢复基本姿势。

后闪防守

后闪防守主要用来应对对手的直拳和摆拳攻击。

技术要点

注意后闪防守时上身后仰角度不要过大，身体重心要稳定落于后脚，切勿前倾。

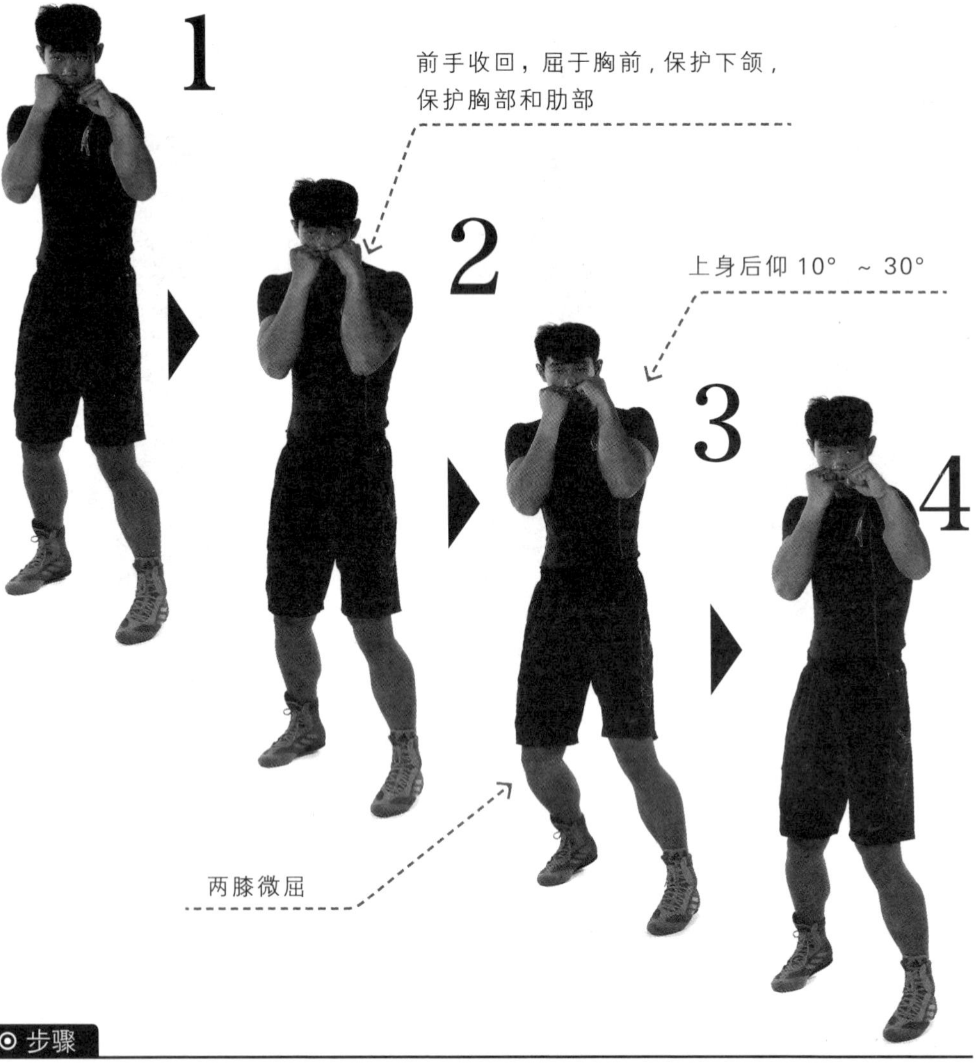

◎ 步骤

① 由基本姿势准备，左脚在前。

② 面对对手攻击，前手收回，两手置于下颌两侧，保护下颌。两肘护于胸部和肋部。

③ 两膝微屈，根据对手击打的深度，上身后仰 10° ~ 30°，身体重心落于后脚。

④ 随即身体迅速回正，稳定重心，恢复基本姿势。

下潜防守

1

2

3

4

技术要点

下潜防守注意要使用腰部和腿部的力量，保持姿势的稳定性。同时在做动作的过程中，眼睛要始终注视对手。

⊙ 步骤

① 由基本姿势准备，右脚在前。

② 面对对手攻击，前手收回置于下颌两侧，保护下颌。两臂自然下垂，置于胸部和肋部，保护好胸部和肋部。

③ 将身体重心向下，落于两脚之上。同时身体快速下潜10° ～70° ，两腿屈膝下蹲。后脚脚跟略提起且前额不能超过前脚脚尖。头顶部位不能低于对手腰部的标志带。

④ 完成下潜动作后，恢复基本姿势进行还击。

1.4.2 摇避防守

技术要点

练习左摇避防守时要注意动作的流畅性，并时刻保持身体的灵活性。

左摇避防守

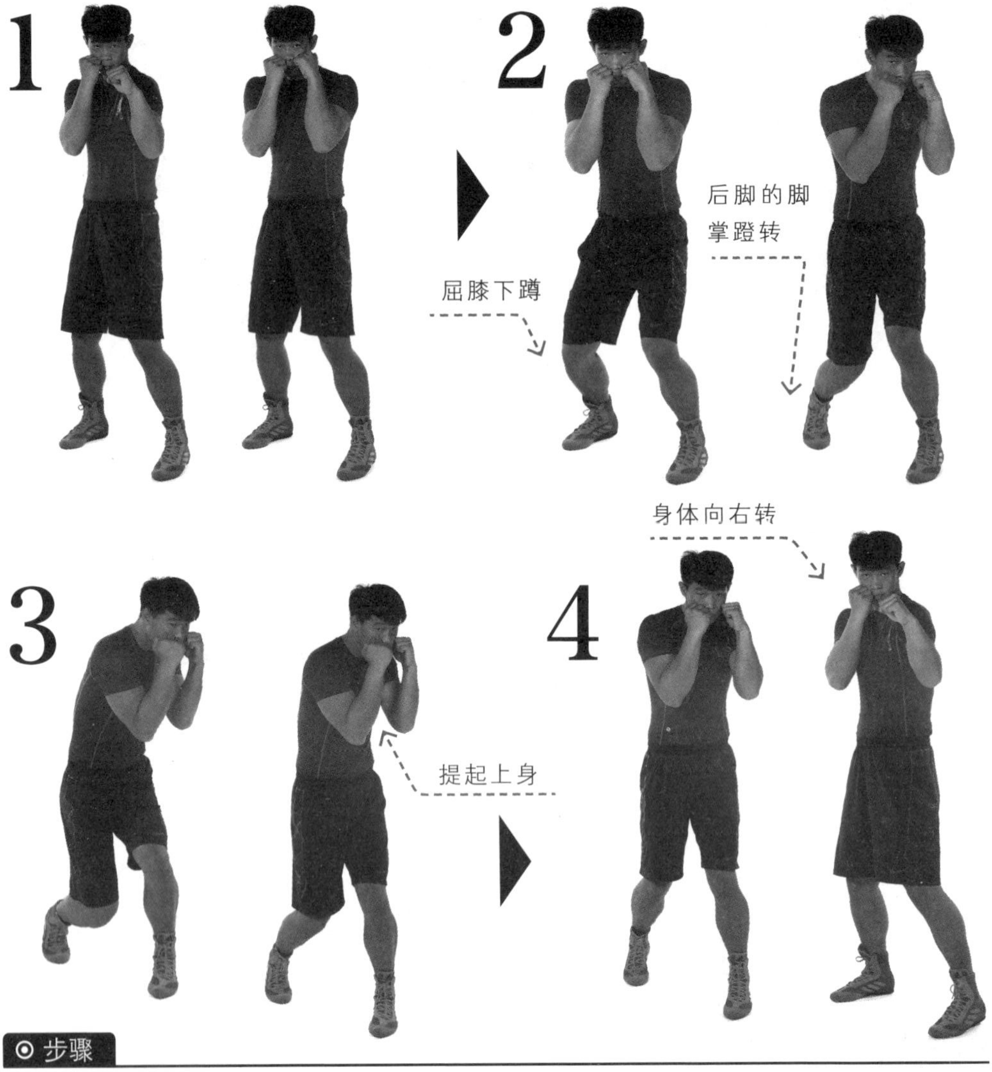

⊙ 步骤

① 由基本姿势开始，对手率先进行攻击。此时前手收回位于脸侧以保护下颌，两臂护于胸部和肋部。

② 屈膝下蹲，后腿屈膝幅度略大于前腿。后脚的脚掌蹬转，身体略向左侧偏转20° ~ 30° 。

③ 身体重心向下，后腿屈膝。上身继续向左侧转，成功躲避对手攻击。两脚蹬地，身体向上提起。眼睛始终盯住对手。

④ 后腿蹬直，上身直立，略向右转体，恢复基本姿势。

右摇避防守

技术要点

在身体侧转的同时两腿微屈，便于动作的控制和保持身体的灵活性，重心随身体偏转而变化。

1

2

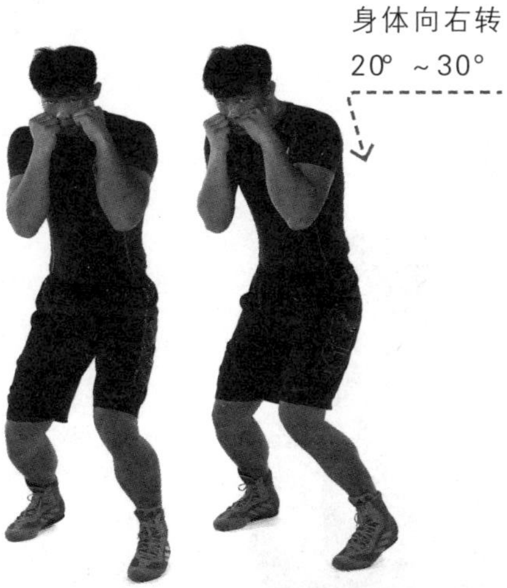

3

4

⊙ 步骤

① 由基本姿势开始，对手率先进行攻击。此时前手收回位于脸侧以保护下颌，两臂护于胸部和肋部。

② 两腿屈膝下蹲。前脚的脚掌蹬地并向外侧旋转，身体向右侧偏转20°～30°。

③ 身体重心略向下，后腿屈膝下蹲，上身继续向右侧转动。眼睛始终盯住对手。成功躲避对手攻击后，后脚蹬地，身体向上提起。

④ 后腿蹬直，上身直立，略向左转体，恢复基本姿势。

1.4.3 拍击防守

前手拍击

技术要点

拍击的幅度和范围不要太大，精准、短促有力即可。

1

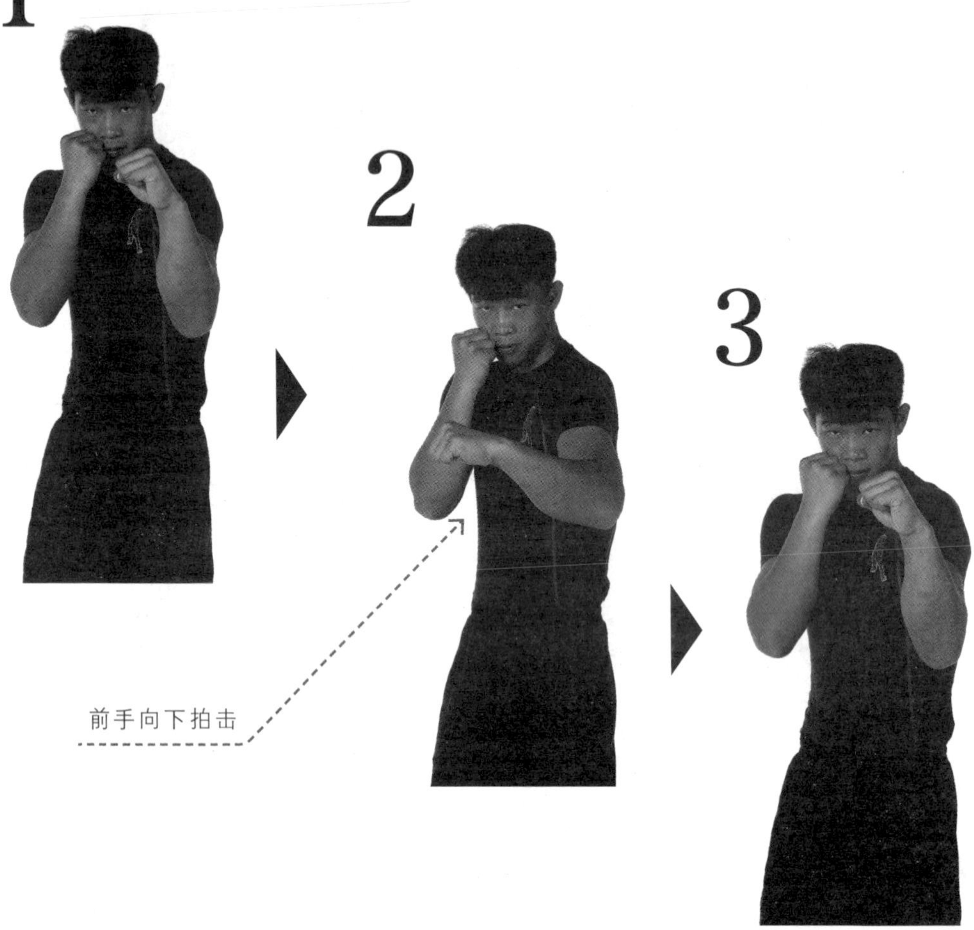

步骤

①由基本姿势开始。

②前手手腕发力，向下、向右拍击对手手腕来进行防御。拍击幅度不要过大，但要快速有力。

③完成后恢复基本姿势。

后手拍击

技术要点

拍击后进行反击时，可以使用同一只手。若用后手拍击防御，则可用前手出拳的招式进行反击。

1

2

后手向下拍击

3

◎ 步骤

① 由基本姿势开始。

② 由基本姿势开始。后手向下、向左侧拍击对手手腕来进行防御。同时前手收回护于脸侧以保护下颌。

③ 完成动作后，迅速恢复基本姿势。

1.4.4 阻挡防守

技术要点

防守动作往往与反击动作相配合，但要在掌握防守动作后，再练习反击动作。

前手阻挡

1

前手手臂略微向上抬起

2

⊙ 步骤

① 由基本姿势开始，前手手臂略微向上抬起并外旋。拳心向前，以拳头和手臂用力阻挡对手进攻。

② 完成动作后，迅速恢复基本姿势。

后手阻挡

1

后手手臂略微向上抬起

2

⊙ 步骤

① 从基本姿势开始，准备防御对手攻击。后手手臂向上抬起，拳心向前，置于额前，用握紧的拳和后手手臂用力阻挡对手攻击。

② 前手放于脸侧，保护下颌。完成动作后恢复基本姿势。

前臂阻挡

前臂阻挡主要用于防御后手摆拳发起的攻击，使对手的拳落在前手手臂上。阻挡结束后，快速恢复基本姿势。

⊙ 步骤

① 由基本姿势开始。

② 前手手臂屈肘向上提起用力进行阻挡，头部略向下低，收紧下颌，略微含胸。拳头护于头部太阳穴位置，屈肘小于90°，用肩部和手臂保护下颌。

后臂阻挡

技术要点

前、后臂阻挡都属于防守动作。注意练习时拳头要护于头侧，让对手的拳头落在抬起的手臂上。

⊙ 步骤

① 由基本姿势开始。

② 后手手臂屈肘小于90°，并向上提起用力阻挡对手攻击。头部略向下低，略微含胸。拳头护于头部太阳穴位置，肩部和手臂护住下颌位置。

两臂封闭式阻挡

技术要点

练习时两肩向前，两臂用力保护胸部和肋骨，以后脚为轴，重心下沉，适当转动身体，保护腹部。

1

肘部夹紧，两肩向前

收紧下颌

2

膝关节略微弯曲

后脚的脚掌蹬转

⊙ 步骤

① 由基本姿势开始。前手迅速收紧，后手手臂从体侧快速移到脸部前面。两手保护头部，两肩向前。两臂保护好胸部和肋部，略微含胸。尽量夹紧肘关节，保护腹部。

② 后脚的脚掌蹬转，略转髋部和肩部，重心略向下。收紧下颌，两手护于脸部，两臂护于胸前，形成封闭式防守。动作完成后，迅速恢复基本姿势。

臂肩阻挡

技术要点

练习时注意将肩部提起，以保护下颌和面部，这是防御的要点。

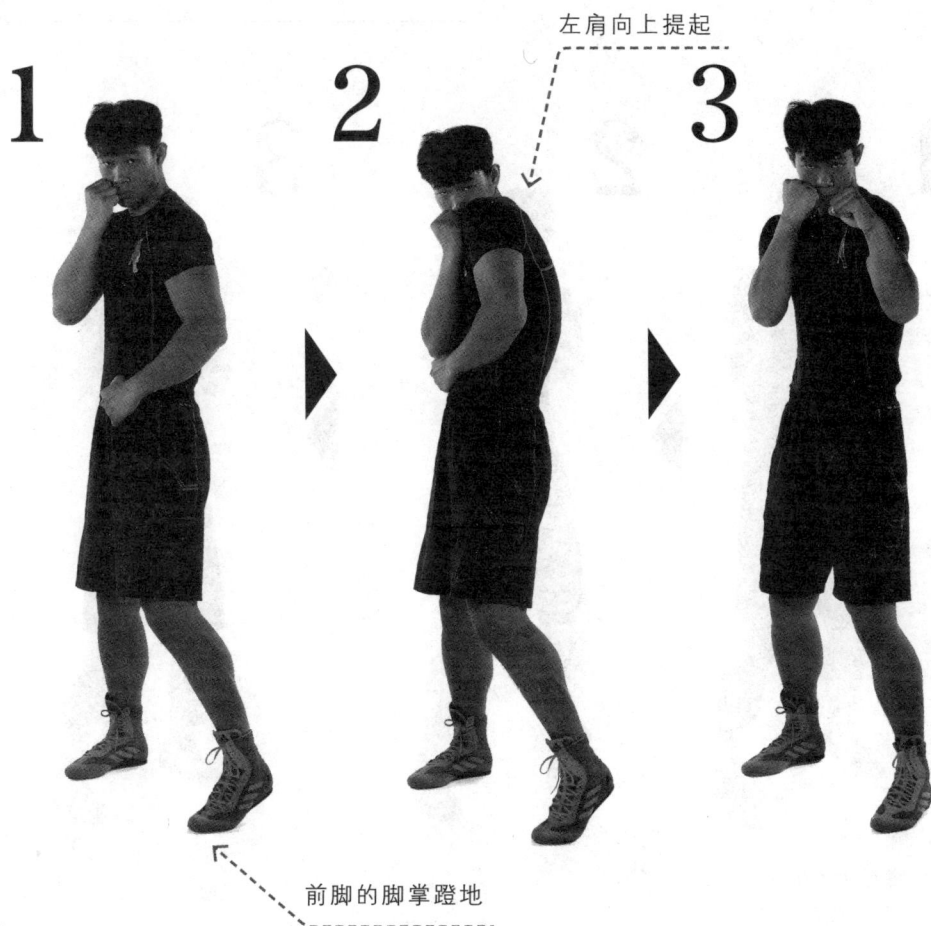

⊙ 步骤

① 由基本姿势开始。前脚的脚掌蹬地，略向内转髋。后手保护下颌，前臂屈肘位于腰部以保护身体。

② 左肩向上提起，用肩将下颌和脸部保护起来。肩臂阻挡要求所有的技术动作同时完成。

③ 动作完成后，恢复基本姿势。

1.4.5 步法防守

后撤步

后撤步可以拉开与对手之间的距离，是一种向后撤步防守或趁机后撤还击的步法。

技术要点

后脚后撤20~30厘米，前脚跟随后撤，双脚之间保持原有的距离。

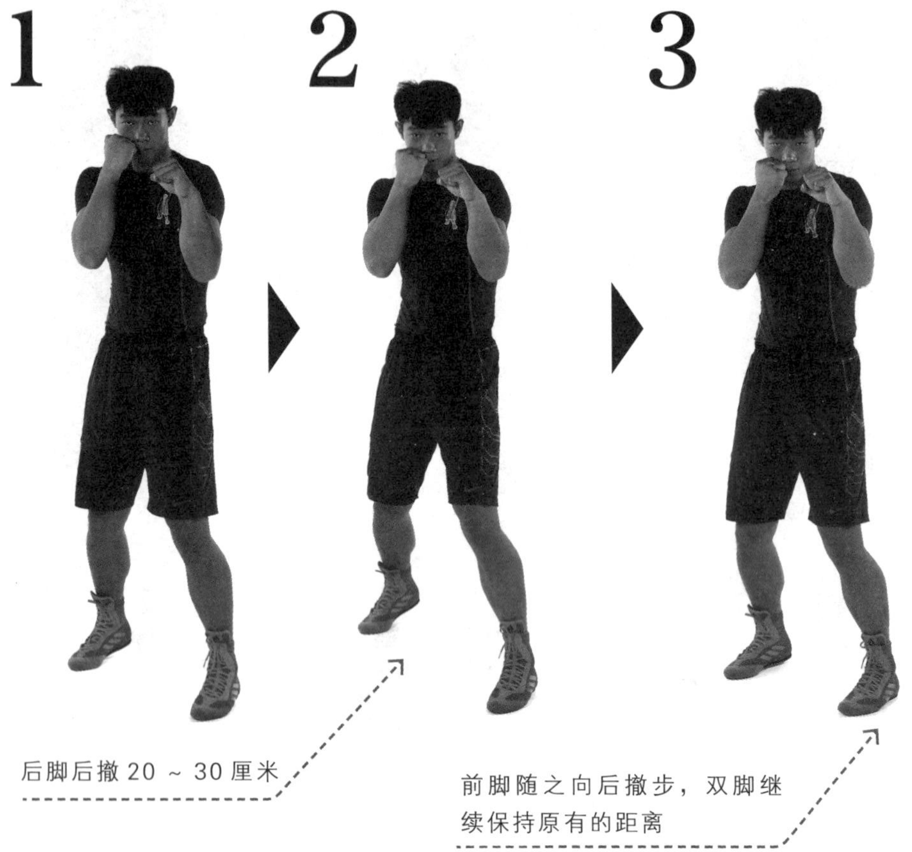
1
2
3
后脚后撤 20 ~ 30 厘米
前脚随之向后撤步，双脚继续保持原有的距离

◎ 步骤

① 由基本姿势开始。用脚掌蹬地，准备向后撤步。

② 在前脚蹬地向后撤步的推动下，后脚快速向后撤退 20 ~ 30 厘米。两手仍保持基本姿势。

③ 后脚后撤落地后，前脚快速向后撤一步，两脚间的距离保持不变。恢复基本姿势。

左侧滑步

技术要点

通过向左侧滑步移动，适当调整与对手之间的距离，采取防御和攻击措施。

◎ 步骤

① 由基本姿势开始。

② 后脚的脚掌向右侧方用力蹬地，前脚向左侧滑进一步，距离 20 ~ 30 厘米，两手保持基本姿势。

③ 后脚蹬地之后，快速向左滑进一步，动作完成后恢复基本姿势。

右侧滑步

技术要点

通过向右侧滑步移动，适当调整与对手之间的距离，采取防守措施。

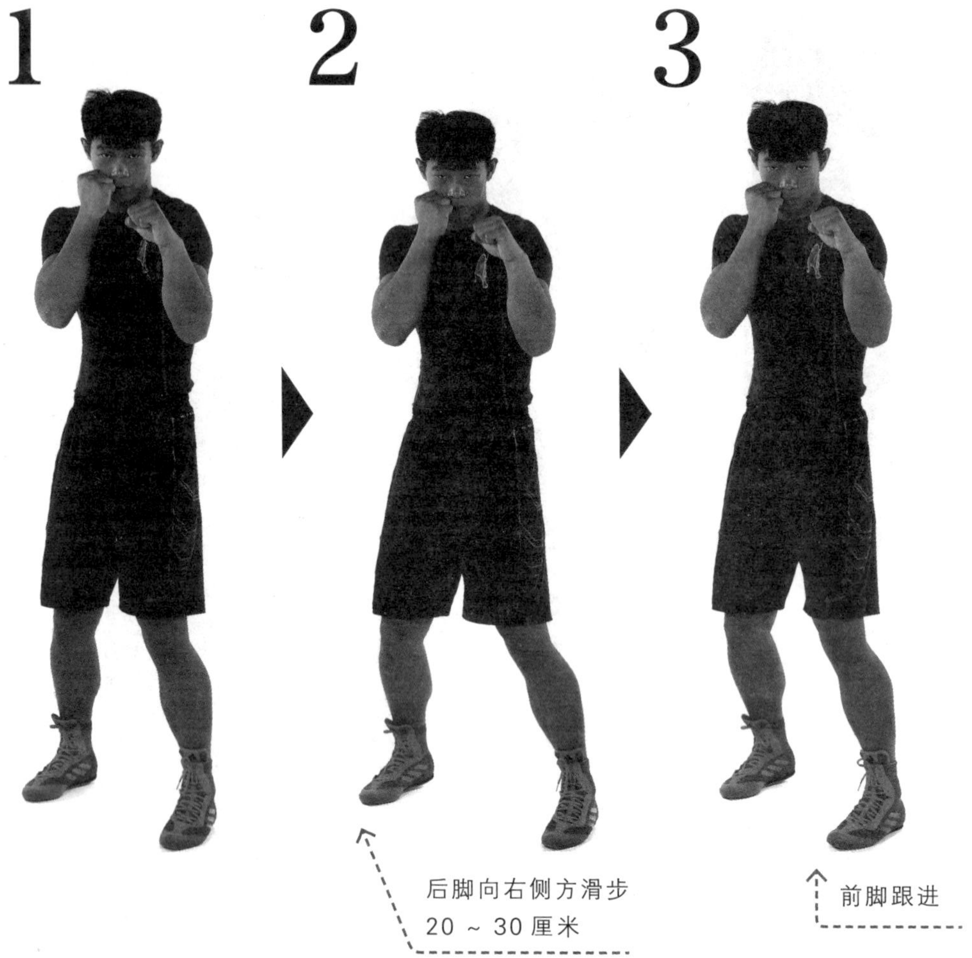

◎ 步骤

① 由基本姿势开始。

② 前脚脚掌向左侧用力蹬地，后脚快速向右滑动一步，距离 20 ~ 30 厘米，滑动时抬脚与地面距离不超过 1 厘米。

③ 后脚落地后，前脚随即向右侧快速滑进一步，动作完成后恢复基本姿势。

左环绕步

1

技术要点

环绕步，在移动过程中重心落在两腿之间，保持基本姿势。适当调整与对方之间的距离。

2

3

左脚向左滑动20 ~ 30厘米

后脚快速跟进，脚尖内旋

⊙ 步骤

① 由基本姿势开始，将前手快速收回，两臂下垂，两拳置于脸侧。

② 后脚蹬地，前脚向左斜前方滑步移动20 ~ 30厘米，前脚尖内旋50° ~ 60°，落地后后脚快速向左侧滑步跟进。还原成基本姿势。

③ 前脚继续向左做斜前方滑步，落地后后脚迅速滑步跟进，不断重复②和③的动作做环形移动。

右环绕步

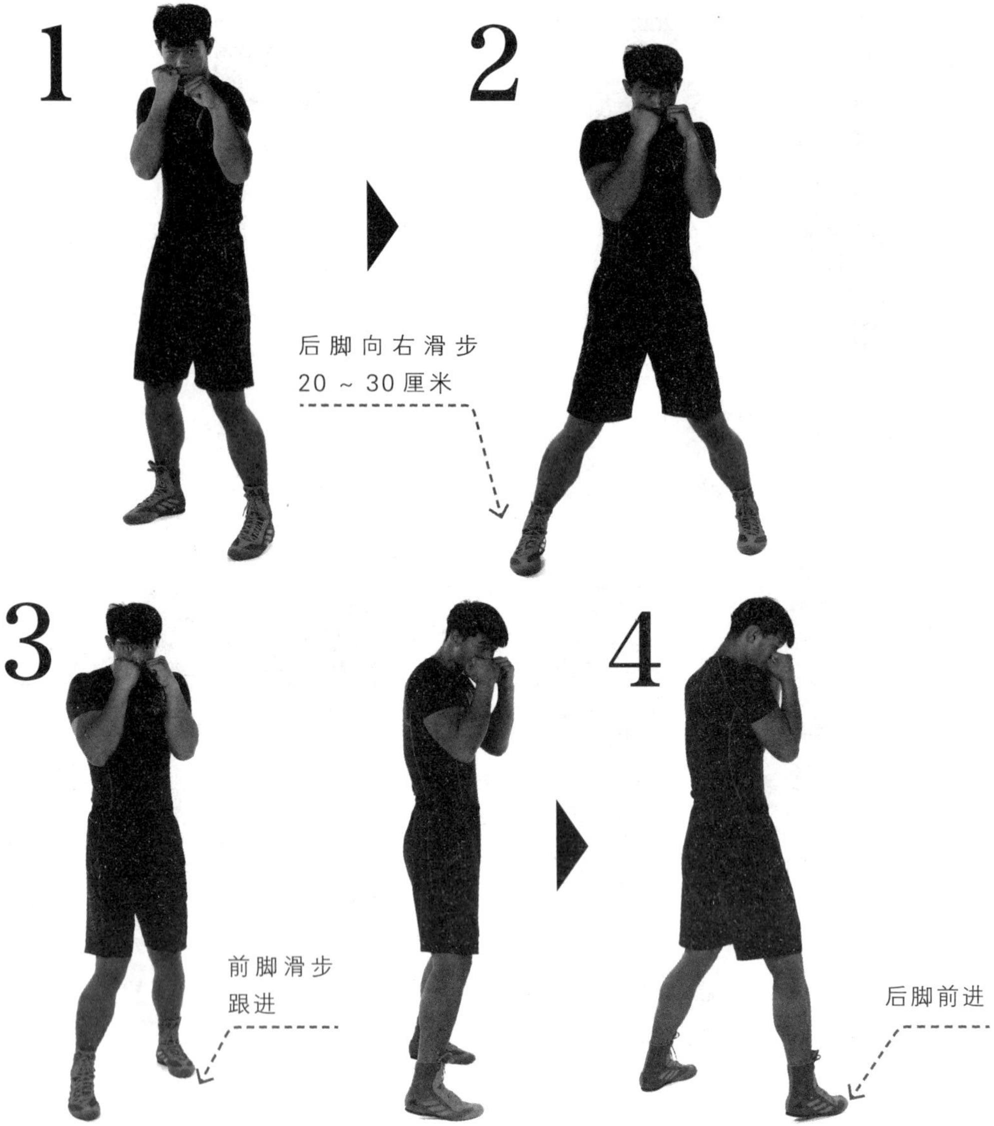

⊙ 步骤

① 由基本姿势开始。

② 两手护于脸侧保护下颌，两肘自然下垂保护胸部和肋部。前脚向斜后方蹬地，后脚率先向右侧滑步移动。

③ 后脚滑步落地后，前脚滑步快速跟进。此时身体按逆时针方向移动。

④ 快速的重复②和③的动作，不停地环绕移动。在移动过程中重心落在两腿之间，始终保持平稳地移动。

第2章

进攻、迎击与反击技术

进攻技术是拳击的基本技术之一，现代拳击运动大力提倡进攻，由此可见进攻技术的重要性。

2.1 进攻技术

进攻技术是拳击的基本技术之一，现代拳击运动大力提倡进攻，由此可见进攻技术的重要性。

2.1.1 前手进攻

前手直拳击头

乙方　　甲方

1

技术要点

首先要做出准确预判，接着找准时机，使用前手直拳直击对手头部。

2

前脚向前上步

3

⊙ 步骤

① 双方以基本姿势呈对峙状态。

② 甲方前脚向前上步，脚掌蹬地，以前手直拳攻击乙方头部。

③ 动作结束，甲方前脚快速回撤，双方恢复基本姿势。

前手直拳击腹

乙方　　甲方

1

技术要点

出前手直拳时要注意前脚进步，并准确进攻腹部。

2

3

⊙ 步骤

① 双方以基本姿势呈对峙状态。

② 甲方前脚向前上步，脚掌蹬地，突然降低重心，以前手直拳攻击乙方腹部。

③ 动作结束，甲方前脚快速回撤，双方恢复基本姿势。

前手摆拳击头

乙方　　甲方

1

技术要点

前手摆拳时，注意用前脚脚掌蹬地。训练时要注意手脚配合。

2

3

⊙ 步骤

① 双方以基本姿势呈对峙状态。

② 甲方前脚向前上步，前脚掌蹬地，以前手摆拳攻击乙方头部。

③ 动作结束，甲方前脚迅速收回，双方恢复基本姿势。

前手摆拳击腹

乙方　　　　甲方

1

技术要点

练习时可以适当加入一些转髋转肩的动作，以找准时机进攻。

2

前脚的脚掌蹬地

3

⊙ 步骤

① 双方以基本姿势呈对峙状态。

② 乙方前脚的脚掌蹬地，突然降低重心并转髋转肩，以前手摆拳攻击甲方腹部。

③ 动作结束，乙方快速收回前脚，重心上移，双方恢复基本姿势。

前手勾拳击头

技术要点

前手勾拳时动作要干净利落，达到出其不意的效果。勾拳的角度大小根据双方的距离远近而定。

⊙ 步骤

① 双方以基本姿势呈对峙状态。

② 甲方前脚向前上步，脚掌蹬地，以前手勾拳攻击乙方头部。

③ 动作结束，甲方快速收回前脚，双方恢复基本姿势。

前手勾拳击腹

乙方　　　　甲方

1

技术要点

训练时躲避动作要流畅，以便找到合适的位置发起击腹的进攻。

2

前脚的脚掌蹬地

3

◎ 步骤

① 双方以基本姿势呈对峙状态。

② 乙方前脚的脚掌蹬地转髋，以前手勾拳攻击甲方腹部。

③ 动作结束，乙方快速收回前脚，双方恢复基本姿势。

2.1.2 后手进攻

后手直拳击头

乙方　　甲方

1

技术要点

后手直拳要与后脚的脚掌蹬转相互配合，训练时注意手脚的协调。

2

3

⊙ 步骤

① 双方以基本姿势呈对峙状态。

② 甲方后脚的脚掌蹬地，转髋转肩，以后手直拳攻击乙方头部。

③ 动作结束，双方恢复基本姿势。

后手直拳击腹

乙方　　甲方

1

技术要点

出拳时可以配合两腿的屈膝和下蹲来攻击对手腹部，下蹲速度要快。

2

3

⊙ 步骤

① 双方以基本姿势呈对峙状态。

② 甲方后脚的脚掌蹬地，转髋转肩，突然降低重心，以后手直拳攻击乙方腹部。

③ 动作结束，甲方快速收拳直立，双方恢复基本姿势。

后手摆拳击头

乙方　　甲方

1

技术要点

后手摆拳击头时，注意前脚向前进步和后脚的脚掌迅速跟进要相互配合。

2

3

⊙ 步骤

① 双方以基本姿势呈对峙状态。

② 甲方前脚向前上步，两腿微屈，后脚的脚掌蹬地跟进，转髋转肩，以后手摆拳攻击乙方头部。

③ 动作结束，甲方快速收拳直立，双方恢复基本姿势。

后手摆拳击腹

1

技术要点

后手摆拳击腹多用于迎击动作。拳手在击腹时下潜速度要快。

2

3

⊙ 步骤

① 双方以基本姿势呈对峙状态。

② 乙方后脚的脚掌蹬地，转髋转肩，突然降低重心，以后手摆拳攻击甲方腹部。

③ 动作结束，乙方快速收拳直立，双方恢复基本姿势。

后手勾拳击头

乙方　　甲方

1

技术要点

后手勾拳击头时要配合后脚的脚掌蹬转来完成动作。后手勾拳击头属于重拳。

2

3

步骤

① 双方以基本姿势呈对峙状态。

② 乙方后脚的脚掌蹬地，转髋转肩，以后手上勾拳攻击甲方头部。

③ 动作结束，乙方快速收拳，双方恢复基本姿势。

后手勾拳击腹

乙方 甲方

1

技术要点

出拳时要注意身体向左转，后脚的脚掌迅速蹬转。上身稍向左侧转动，增大击打力量。

2

3

◎ 步骤

① 双方以基本姿势呈对峙状态。

② 乙方后脚的脚掌蹬地，转髋转肩，突然略降低重心，以后手上勾拳攻击甲方腹部。

③ 动作结束，乙方快速收拳直立，双方恢复基本姿势。

2.2 迎击技术

迎击拳是指在对手出拳瞬间，另一方果断出拳迎击对手的拳，能先于对手攻击其有效部位，给对手以重创。在拳击实战中，迎击技术可起到至关重要的作用。

2.2.1 前手迎击

前手直拳迎击

技术要点

出拳要注意，左半身向前送出时，右半身不能随之后撤，要保持原位置不动或向前移动一步。

1

2

步骤

① 双方以基本姿势呈对峙状态。

② 甲方率先用前手直拳发起攻击。

⊙ 步骤

③ 乙方做出准确预判，突然用前手直拳迎击对手头部。做此动作时，出拳速度必须快于对手，预判要准。前脚、髋和肩部的转动幅度略大一些，后手守住下颌，让对手的拳头在自己头部左侧击空。

④ 动作完成后，马上恢复基本姿势，做好防御准备。

前手摆拳迎击

技术要点

出拳时注意，出拳高度要高出对手的直拳，用上臂压制对手出拳，使其落空。

⊙ 步骤

① 双方以基本姿势呈对峙状态。

2

3

4

◎ 步骤

② 甲方率先以后手直拳发起攻击。

③ 乙方做出准确预判，快速用前手摆拳迎击对手的头侧部。前手摆拳迎击难度较大，需要前脚迅速向左侧蹬转，转髋转肩，提高摆拳击打的爆发力。摆拳击打的高度应高于对手的出拳，关键是用自己的上臂压住对手的直拳，使对手的直拳打空。

④ 动作完成后，马上恢复基本姿势，做好防御准备。

前手勾拳迎击

技术要点

前手勾拳时，由后向前推动左臂，基本保持屈肘呈 90° 。

⊙ 步骤

① 双方以基本姿势呈对峙状态。

② 甲方率先以前手直拳发起攻击。

③ 乙方做出准确预判，迎着对手的直拳，前脚的脚掌快速蹬转 90° 左右，转髋转肩，用前手上勾拳迎击对手的下颌或上身。上勾拳时肘部弯曲 90° 或大于 90° ，迎击的瞬间身体侧向对手，让对手的直拳从自己身体侧面击空。

④ 动作完成后，马上恢复基本姿势，做好防御准备。

2.2.2 后手迎击

后手直拳迎击

技术要点

后手直拳与前手直拳相反，击拳时保持左半身不动，右半身向前送出，打出直拳，也可以向前移动一步。

1

2

3

4

◎ 步骤

① 双方以基本姿势呈对峙状态。

② 甲方率先以后手直拳发起攻击。

③ 乙方做出准确预判，后脚的脚掌突然蹬地，后手直拳先于甲方进攻的拳快速迎击对手头部。对手击打的拳头从乙方头部右侧击空，双方在击打的瞬间，直拳呈交叉状态。后手直拳迎击的转体幅度略大于前手直拳。

④ 动作完成后，马上恢复基本姿势，做好防御准备。

后手摆拳迎击

技术要点

后手摆拳迎击动作难度比较大。注意出拳时，后脚蹬地和转髋转肩互相配合，上身转动角度略大，以躲避对手直拳。

1

2

3

4

⊙ 步骤

① 双方以基本姿势呈对峙状态。

② 甲方前脚向前进步，率先以前手直拳朝乙方发起进攻。

③ 乙方做出准确预判，乙方后脚蹬地，转髋转肩，身体重心向前脚移动，后手摆拳迎着对手的来拳击打，摆拳略高于对手的直拳，上身转动幅度略大一些，使对手直拳从自己头部右侧击空。

④ 动作完成后，马上恢复基本姿势，做好防御准备。

后手勾拳迎击

技术要点

出拳时要躲避对手直拳，并用后手勾拳迎击对手的头部或腹部。

1

乙方　　甲方

2

3

后脚的脚掌蹬地

4

⊙ 步骤

①双方以基本姿势呈对峙状态。

②甲方率先以后手直拳发起攻击。

③乙方做出准确预判，快速用后脚的脚掌蹬地，转髋转肩，迎着甲方直拳用后手勾拳击打甲方头部或腹部，在迎击过程中让甲方的直拳从自己身体右侧击空。

④动作完成后，马上恢复基本姿势，做好防御准备。

2.3 反击技术

反击技术主要分为前手和后手反击技术两类，我们将其结合各种拳法的详细分解动作进行讲解。同时，还加入了少量防守动作，使整个反击过程更加合理、连贯。

2.3.1 前手反击

侧闪防守后前手摆拳反击

乙方　　甲方

1

技术要点

乙方为躲避甲方的直拳而进行侧闪防守时，要在同一时间内快速完成。

2

⊙ 步骤

① 双方以基本姿势呈对峙状态。

② 甲方后脚的脚掌蹬地，前脚向前进步，转髋转肩，以前手直拳攻击甲方头部。

⊙ 步骤

③ 乙方后脚的脚掌蹬地，两腿微屈，重心落在两腿之间，向左侧转髋转肩，两手臂收回护住下颌与胸腹部；眼睛盯住甲方，躲避甲方打来的直拳，上面的动作同时快速完成。

④ 乙方前脚的前脚掌蹬地，上身向右侧转动，以前手摆拳攻击甲方头部。

⑤ 动作结束，双方恢复基本姿势。

后闪防守后前手直拳反击

⊙ 步骤

① 双方以基本姿势呈对峙状态。

② 甲方前脚向前进步，以前手直拳攻击乙方头部。

③ 乙方快速收紧两臂，护住头部与胸腹部；同时上身后仰（后闪），重心落在后腿上，使甲方的前手直拳击空。

④ 乙方前脚的脚掌蹬地，以前手直拳攻击甲方头部。

5

◎ 步骤

⑤ 动作结束，双方恢复基本姿势。

下潜防守后前手直拳反击

1 乙方 甲方

2

◎ 步骤

① 双方以基本姿势呈对峙状态。

② 甲方前脚向前进步，以前手直拳攻击乙方头部。

3

屈膝下蹲

4

前脚的脚掌蹬转，
两腿微屈

5

⊙ 步骤

③ 乙方快速收紧两臂，护住头部与胸腹部；同时快速下蹲，膝关节屈曲 90° 左右，重心落在两腿中间，使甲方直拳击空。

④ 乙方前脚的脚掌蹬转，身体略向右转，以前手直拳攻击甲方腹部。

⑤ 动作结束，双方恢复基本姿势。

摇避防守后前手直拳反击

1

2

3

◎ 步骤

① 双方以基本姿势呈对峙状态。

② 甲方后脚的脚掌蹬地，以后手直拳攻击乙方头部。

③ 乙方快速收紧两臂，护住头部与胸腹部，快速下蹲降低重心。

4

后脚的脚掌蹬地，身体侧闪

5

前脚的脚掌蹬地

6

⊙ 步骤

④ 两脚同时向左转动，上身也向左摇转，躲避甲方的后手直拳。

⑤ 乙方前脚的脚掌蹬地，转动上身，以前手直拳攻击甲方头部。

⑥ 动作结束，双方恢复基本姿势。

拍击防守后前手摆拳反击

1

技术要点

本示例加入了拍击技术，在拍击的同时，另一只手迅速以前手摆拳还击。

2

3

步骤

① 双方以基本姿势呈对峙状态。

② 甲方后脚的脚掌蹬地，前脚向前上步，以前手直拳直击乙方腹部。

③ 乙方迅速用后手向下短促拍击甲方手腕，控制其进攻。

4

5

⊙ 步骤

④ 乙方前脚的脚掌蹬地，以前手摆拳反击甲方头部。

⑤ 动作结束，双方恢复基本姿势。

后手阻挡防守后前手直拳反击

1

2

⊙ 步骤

① 双方以基本姿势呈对峙状态。

② 甲方前脚向前上步，率先以前手直拳攻击乙方头部。

手臂向上到头部前方位置

3

技术要点

训练时要注意对手的出拳线路并进行躲避，然后配合身体的转动，迅速用前手直拳进行反击。

4

5

前脚的脚掌蹬转

⊙ 步骤

③ 乙方将后手快速上举到头部前方，用拳心部位阻挡甲方的直拳进攻。

④ 乙方前脚的脚掌蹬地，身体略向右转，用前手直拳对甲方进行反击。

⑤ 动作结束，双方恢复基本姿势。

两臂封闭式阻挡后前手摆拳反击

乙方　　甲方

1

2

3

技术要点

训练时要注意重心随着身体的上下起伏而变化，时刻保持身体稳定，便于出拳反击。

⊙ 步骤

① 双方以基本姿势呈对峙状态。

② 甲方前脚向前进步，前脚的脚掌蹬转，略微下蹲，以前手直拳攻击乙方腹部。

③ 乙方身体重心略向下，两臂收紧护于面部和胸腹部，收腹含胸，略微屈膝，阻挡甲方进攻。

4

5

⊙ 步骤

④ 乙方前脚的脚掌蹬地，身体略向右转，以前手摆拳反击甲方头部。

⑤ 动作结束，双方恢复基本姿势。

臂肩防守后前手直拳反击

1

乙方　　甲方

2

⊙ 步骤

① 双方以基本姿势呈对峙状态。

② 甲方前脚滑进一步，以前手摆拳攻击乙方头部。

3

技术要点

练习时把握好肩部左右摆动的节奏，先阻挡对手进攻，再伺机出拳反击。

4

5

⊙ 步骤

③ 乙方后脚的脚掌蹬地，右肩前送、上提以护住下颌与面部，手肘护住右侧胸部和腹部，阻挡甲方进攻。

④ 乙方前脚的脚掌蹬转，用前手直拳攻击甲方头部。

⑤ 动作结束，双方恢复基本姿势。

后撤步防守后前手直拳反击

1

乙方　　　　甲方

向前进步，两腿略微屈膝

2

两脚后撤

⊙ 步骤

① 双方以基本姿势呈对峙状态。甲方前脚向前进步，以前手直拳攻击乙方胸和腹部位置。

② 乙方前脚向后蹬地，两脚同时向后撤退一小步。

3

4

5

⊙ 步骤

③ 乙方成功躲避甲方来拳。

④ 乙方后脚向前蹬地，两脚向前滑动一小步，用前手直拳攻击甲方头部。

⑤ 动作结束，双方恢复基本姿势。

侧滑步防守后前手摆拳反击

⊙ 步骤

① 双方以基本姿势呈对峙状态。

② 甲方前脚向前进步，以前手直拳攻击乙方腹部位置。

③ 乙方前脚向左侧跨步，后脚迅速向左侧滑动一小步跟进，重心落在两腿之间。

4

5

⊙ 步骤

④ 乙方前脚的脚掌蹬地，转髋转肩，用前手摆拳攻击甲方头部。

⑤ 动作结束，双方恢复基本姿势。

环绕步防守后前手勾拳反击

1

乙方　　甲方

2

⊙ 步骤

① 双方以基本姿势呈对峙状态。

② 甲方以前手直拳攻击乙方头部。

3

4

5

⊙ 步骤

③ 乙方前脚向左侧跨出一小步。

④ 乙方后脚迅速跟进，身体向左侧移动，重心落在两腿之间。

⑤ 乙方继续重复③和④的动作，向左侧环绕步。

6

7

8

⊙ 步骤

⑥ 乙方继续移动至甲方体侧。

⑦ 乙方前脚的脚掌蹬地，以前手上勾拳攻击甲方腹部或下颌。

⑧ 动作结束，双方恢复基本姿势。

2.3.2 后手反击

侧闪防守后后手勾拳反击

技术要点

侧闪反应要迅速，配合后脚的蹬转及时勾拳反击，使对手没有反应的余地。

◎ 步骤

① 双方以基本姿势呈对峙状态。

② 甲方前脚向前进步，以前手直拳击打乙方头部。

③ 乙方前脚的脚掌蹬地，两腿微屈下蹲，身体重心偏向后腿，向右侧转髋转肩，两手臂收回以护住下颌与胸腹部，呈右侧闪动作。

4

5

6

◎ 步骤

④ 乙方用眼睛盯住甲方，上身向右侧躲避甲方击打的直拳。③和④的动作需在同一时间快速完成。

⑤ 乙方后脚的脚掌蹬地，以后手上勾拳攻击甲方腹部或头部。

⑥ 动作结束，双方恢复基本姿势。

后闪防守后后手摆拳反击

1

技术要点

出拳过程中，先后仰躲避，紧接着出拳反击，整个动作要一气呵成。

2

步骤

① 双方以基本姿势呈对峙状态。

② 甲方后脚的脚掌蹬地，以后手摆拳攻击乙方头部。

3

4

5

⊙ 步骤

③ 乙方快速收紧两臂，保护头部、胸部和腹部，同时上身后仰（后闪），将重心落在后脚上，使甲方的后手摆拳击空。

④ 乙方后脚的脚掌蹬地，转髋转肩，快速收腹，身体略往左转，以后手摆拳还击甲方头部。

⑤ 动作结束，双方恢复基本姿势。

下潜防守后后手摆拳反击

⊙ 步骤

① 双方以基本姿势呈对峙状态。

② 甲方后脚的脚掌蹬转，以后手摆拳攻击乙方头部。

③ 乙方快速收紧两臂，护住头部与胸腹部；同时快速下蹲，膝关节屈曲90°左右，重心落在两腿中间，使甲方摆拳击空。

4

5

◎ 步骤

④ 乙方后脚的脚掌蹬转，转髋转肩，以后手摆拳攻击甲方腹部。

⑤ 动作结束，双方恢复基本姿势。

摇避防守后后手勾拳反击

1

2

◎ 步骤

① 双方以基本姿势呈对峙状态。

② 甲方前脚向前进步，以前手摆拳攻击乙方头部。

3

4

⊙ 步骤

③ 乙方快速收紧两臂，护住头部与胸腹部，快速下蹲降低重心。

④ 两脚同时向右转动，上身也向右摇转，躲避甲方的前手摆拳。

⊙ 步骤

⑤ 乙方身体向上，后脚的前脚掌蹬地，转髋转肩，以后手上勾拳攻击甲方腹部或头部。

⑥ 动作结束，双方恢复基本姿势。

技术要点

向下拍击时用力要果断，然后找准位置勾拳反击。

拍击防守后后手勾拳反击

⊙ 步骤

① 双方以基本姿势呈对峙状态。

② 甲方后脚的脚掌蹬地，以后手直拳击打乙方头部。

3

4

5

⊙ 步骤

③ 乙方迅速反应，前手用力短促向下拍击甲方手腕。

④ 乙方用后手上勾拳，还击甲方下颌、面部或腹部。

⑤ 动作结束，双方恢复基本姿势。

前臂阻挡防守后后手直拳反击

1

乙方　　甲方

技术要点

注意右半身向前送出时，整个身体的重心要保持稳定，再出拳反击。

2

3

前手手臂阻挡，拳心向前

后脚的脚掌蹬地

⊙ 步骤

① 双方以基本姿势呈对峙状态。

② 甲方后脚的脚掌蹬地，以后手直拳击打乙方头部。

③ 乙方抬起前手，用手臂阻挡甲方攻击，拳心向前。

4

5

⊙ 步骤

④ 乙方后脚的脚掌迅速蹬地，身体略向左转，用后手直拳反击甲方头部。

⑤ 动作结束，双方恢复基本姿势。

两臂封闭式阻挡后后手直拳反击

1

2

⊙ 步骤

① 双方以基本姿势呈对峙状态。

② 甲方前脚向前进步，两腿屈膝，以前手直拳击打乙方腹部。

3

4

5

⊙ 步骤

③ 乙方屈膝，身体重心略向下，两臂收紧护于胸前，保护自己的面部和胸腹部，阻挡甲方进攻。

④ 同时，乙方后脚的脚掌快速蹬地，用后手直拳攻击甲方头部。

⑤ 动作结束，双方恢复基本姿势。

臂肩防守后后手勾拳反击

⊙ 步骤

① 双方以基本姿势呈对峙状态。

② 甲方后脚的脚掌蹬转，以后手直拳攻击乙方头部。

③ 乙方前脚的脚掌蹬转，左肩前送上提收紧，护住下颌与面部，前手臂护住胸部和腹部，阻挡甲方进攻。

4

5

⊙ 步骤

④ 乙方后脚的脚掌蹬转，以后手上勾拳攻击甲方头部或腹部。

⑤ 动作结束，双方恢复基本姿势。

侧滑步防守后后手摆拳反击

1

乙方　　甲方

⊙ 步骤

① 双方以基本姿势呈对峙状态。甲方后脚的脚掌蹬地，两腿微屈，以后手直拳攻击乙方胸部和腹部。

2

3

4

⊙ 步骤

② 乙方后脚向右侧跨步，前脚快速跟进，重心落在两腿之间。

③ 乙方后脚的前脚掌蹬地，转髋转肩，用后手摆拳攻击甲方头部。

④ 动作结束，双方恢复基本姿势。

第3章

组合技术

本章结合防守后反击与进攻技术和对攻技术，为拳手继续提升拳击技术水平提供参考。

3.1 防守后反击与进攻技术

3.1.1 侧闪防守+前手摆拳反击+后手勾拳攻击

1

2

3

⊙ 步骤

① 双方以基本姿势呈对峙状态。

② 甲方后脚的脚掌蹬地，向前滑步。

③ 甲方在前滑步的过程中，上身不断向左、右侧闪。

4

5

⊙ 步骤

④ 乙方在向后移动中，率先以后手直拳攻击甲方头部。同时，甲方向左侧闪。

⑤ 甲方闪躲结束后前脚的脚掌蹬地，用前手摆拳攻击乙方头部。甲方两腿快速微屈膝，后脚的脚掌蹬转，上身向左侧闪的同时，以后手上勾拳攻击乙方腹部。

3.1.2 侧闪防守+后手直拳反击+前手摆拳攻击

⊙ 步骤

①双方以基本姿势呈对峙状态。

②甲方后脚的脚掌蹬地，向前滑步。

③甲方在向前滑步的过程中，上身不断向左、右侧闪。

4

5

6

⊙ 步骤

④ 乙方率先以后手直拳攻击甲方头部。

⑤ 甲方快速向右侧闪，再次向左侧闪的同时躲避乙方后手击头的直拳，以后手直拳反击乙方头部。

⑥ 然后甲方前脚的脚掌蹬地，以前手摆拳攻击乙方头部。

3.1.3 后撤步、拍击防守+前手摆拳反击+后手勾拳攻击

1

乙方　　甲方

技术要点

多次练习以确保动作的连贯性。合理进行步法的转换。

2

3

⊙ 步骤

① 双方以基本姿势呈对峙状态。

② 甲方前脚向前上步，用前手直拳击打乙方头部。

③ 甲方屈膝，以后手直拳攻击乙方腹部。

4

5

6

7

⊙ 步骤

④ 乙方快速后撤一步，躲避对手的直拳攻击。

⑤ 乙方迅速用后手拍击甲方击腹的后手手腕。

⑥ 乙方前脚的脚掌蹬地，以前手摆拳反击甲方头部。

⑦ 乙方用后手上勾拳继续攻击甲方腹部，甲方双臂收紧呈封闭式防守动作。

3.1.4 后撤步、下潜防守+后手勾拳反击+前手摆拳攻击

1

◎ 步骤

① 双方以基本姿势呈对峙状态。

2

◎ 步骤

② 甲方两腿屈膝下蹲，后脚的脚掌蹬地，以后手直拳攻击乙方腹部。

3

技术要点

本示例运用了后撤步、进步和摇闪等多个技巧，练习时要注意它们的合理搭配。

4

5

前脚向前进步蹬转

◎ 步骤

③ 乙方向后撤步，躲开甲方后手直拳击打。

④ 甲方前脚向前进步蹬转，前手摆拳攻击乙方头部。

⑤ 乙方双膝弯曲，向右侧摇闪，躲避甲方的前手摆拳。

6

7

8

⊙ 步骤

⑥ 乙方接着起身，前脚的脚掌蹬地，身体微微向右侧身。

⑦ 乙方后脚的脚掌蹬地，以后手勾拳击打甲方腹部。

⑧ 乙方再顺势用前手摆拳击打甲方头部。甲方做封闭式防守。

3.1.5 连续后撤步、拍击防守+后手直拳反击+前手摆拳攻击

1

技术要点

进攻时要配合后脚的前脚掌蹬地，迅速出拳。

2

3

◎ 步骤

① 双方以基本姿势呈对峙状态。

② 甲方前脚向前进步，以前手直拳攻击乙方头部。

③ 甲方连续进行两次直拳攻击乙方头部。

◎ 步骤

④ 乙方连续两次向后撤步躲避攻击。

⑤ 甲方连续进行两次直拳攻击乙方头部，然后快速连接后手勾拳击打乙方腹部。

⑥ 乙方用前手向下短促拍击甲方的勾拳。

⑦ 乙方后脚迅速蹬地，转髋转肩，用后手直拳反击甲方头部。

8

⊙ 步骤

⑧ 乙方快速连接前手摆拳攻击甲方头部，甲方收紧双臂做封闭式防守。

3.1.6 摆拳迎击+连续勾拳攻击

1

2

⊙ 步骤

① 双方以基本姿势呈对峙状态。

② 甲方率先以前手直拳攻击乙方头部。

3

4

5

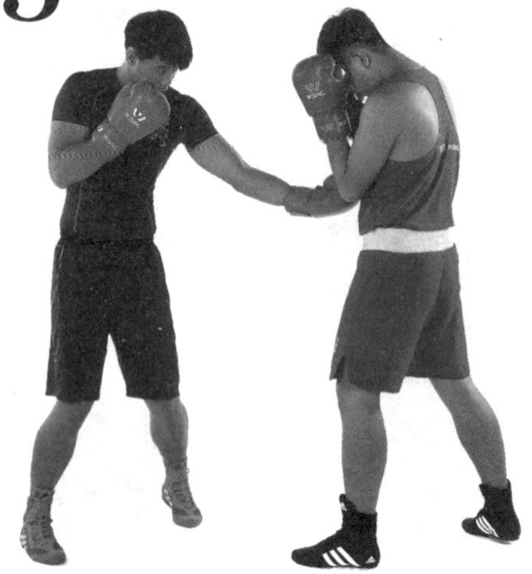

6

⊙ 步骤

③ 乙方后脚的前脚掌蹬地，以后手摆拳迎击甲方头部。

④ 甲方后脚的脚掌快速蹬地，以后手直拳迎击乙方头部。

⑤ 乙方用前手上勾拳攻击甲方腹部位置。

⑥ 乙方继续快速用后手上勾拳攻击甲方腹部位置。

3.1.7 侧滑步防守+前手摆拳反击+后手勾拳攻击

1

2

3

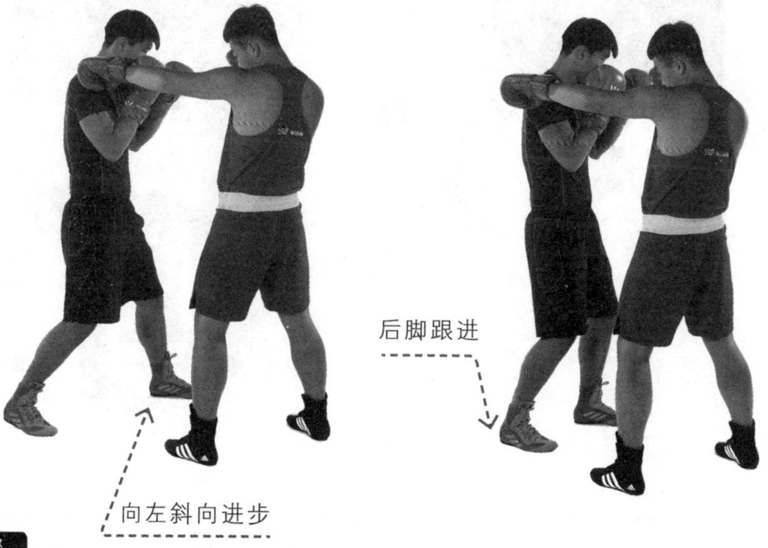

◎ 步骤

① 双方以基本姿势呈对峙状态。

② 甲方率先以前手摆拳攻击乙方头部。

③ 乙方前脚向左侧斜向进步，后脚迅速跟进。

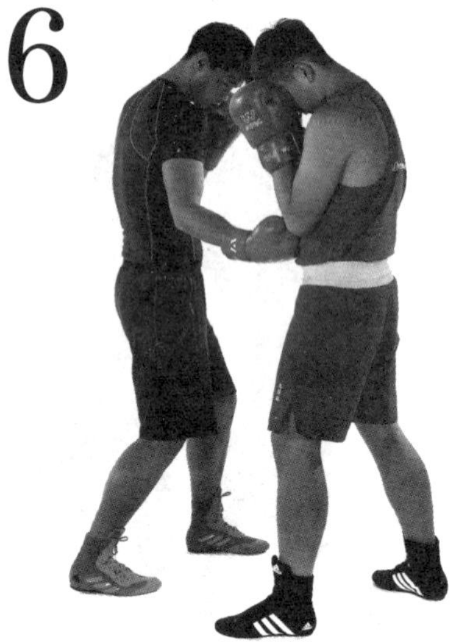

⊙ 步骤

④ 甲方快速连接以后手直拳继续向乙方进攻，乙方继续向左斜向进步躲避攻击。

⑤ 乙方以前手摆拳还击甲方头部。

⑥ 甲方两手呈防御姿势，乙方快速连接后手上勾拳攻击甲方腹部。

3.1.8 侧滑步防守+后手直拳反击+前手勾拳、后手直拳攻击

1

2

3

⊙ 步骤

①双方以基本姿势呈对峙状态。

②甲方率先以前手直拳攻击乙方头部。

③乙方前脚快速向右侧蹬地，后脚迅速向右侧滑步，前脚迅速跟进，躲避甲方攻击。

4

5

⊙ 步骤

④ 甲方后脚的脚掌蹬地，以后手直拳快速攻击乙方头部。乙方向右侧滑步，躲避甲方的后手直拳攻击。同时乙方后脚的脚掌蹬地，用后手直拳还击甲方头部。

⑤ 乙方连接前手上勾拳击打甲方腹部，再以后手直拳攻击甲方头部。

3.2 防守后反击与对攻

3.2.1 环绕步防守+前手摆拳反击+勾拳对攻

1

乙方　　甲方

技术要点

乙方在整个过程中从被动到主动，首先要注意躲避与防守，然后找到时机进行反击。这一套动作很适合拳手学习。

2

3

⊙ 步骤

① 双方以基本姿势呈对峙状态。

② 甲方率先以前手直拳攻击乙方头部。

③ 乙方迅速向左侧环绕。

4

5

6

7

◎ 步骤

④ 乙方躲避开甲方攻击。

⑤ 甲方继续以后手直拳进行攻击。

⑥ 乙方继续以环绕步躲避，并快速用前手摆拳反击甲方头部。

⑦ 甲方受到攻击后呈防御姿势。乙方后脚的脚掌蹬地，以后手勾拳攻击甲方腹部。

8

⊙ 步骤

⑧ 甲方封闭式防守，重心下降，以后手勾拳攻击乙方腹部。

3.2.2 侧闪防守+后手直拳迎击+摆拳攻击

1

乙方　　　　甲方

2

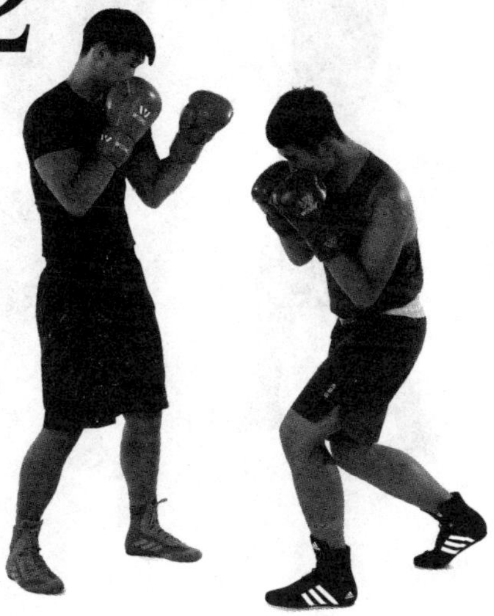

⊙ 步骤

① 双方以基本姿势呈对峙状态。

② 甲方后脚的脚掌蹬地，向前滑步。

3

技术要点

本示例主要运用侧闪来干扰对手的出拳节奏。在侧闪过程中出拳，对时机的把握非常重要。

4

5

◎ 步骤

③ 甲方在向前滑步的过程中，上身不断向左右侧闪。

④ 乙方率先用后手直拳攻击甲方头部。

⑤ 甲方快速向左侧闪，躲避乙方后手击头的直拳，同时以后手直拳迎击乙方头部。

6

前脚的脚掌蹬地

7

8

⊙ 步骤

⑥ 甲方前脚的脚掌蹬地，以前手摆拳攻击乙方头部。

⑦ 乙方向后滑一步，躲避甲方攻击。

⑧ 乙方快速向前滑步。

3.2.3 摆拳迎击+直拳攻击

1

2

3

4

⊙ 步骤

① 双方以基本姿势呈对峙状态。

② 甲方率先以前手直拳攻击乙方头部。

③ 乙方后脚的脚掌蹬地，用后手摆拳迎击甲方头部。

④ 甲方后脚的脚掌快速蹬地，用后手直拳迎击乙方头部。

技术要点

本示例中直接出拳的动作较多，注意前后脚的脚掌蹬地与旋转。

5

⊙ 步骤

⑤ 乙方快速连接前手上勾拳、后手上勾拳攻击甲方腹部位置。甲方快速收拳做封闭式防守，略降低重心。

3.2.4 后臂阻挡防守+前手直拳反击+直拳对攻

乙方　　甲方

1

2

3

◎ 步骤

① 双方以基本姿势呈对峙状态。甲方率先以前手摆拳攻击乙方头部。乙方后手格挡。

② 乙方用前手直拳击打甲方头部。甲方同时以后手直拳击打乙方头部。乙方后脚的脚掌蹬地，向左侧闪，以后手直拳迎击甲方胸部。

③ 甲方以前手直拳攻击乙方头部。

第④章

辅助训练

本章将对旨在提升拳击水平的辅助训练及拳击比赛的基础知识进行讲解。

4.1 常用器械

本节内容主要对拳击训练的常用器材进行介绍。作为拳击运动的学习者，要对训练所需的用品有一定的认识。若为初学者，可以先使用基础的装备，随着拳击技术的不断提高再进行更换。

4.1.1 手靶

器材介绍：手靶的形状为椭圆形或圆形，击打位置为手靶中心的圆圈。在训练时教练员或陪练将手靶戴在手上，作为被击打目标。

器材功用：击打手靶训练可以锻炼运动员的反应能力和击打速度、能够提高进攻技术和战术以及防御技术和步法移动。此项练习可以增强学习者出拳的准确性、节奏感，提高技术动作的标准性。

4.1.2 胸靶

器材介绍：胸靶表面材料一般选用PU皮革，内部填充物为高密度海绵，软硬适中，使持靶者也能得到保护。胸靶是手靶与沙袋特点相结合的产物。

器材功用：利用胸靶进行训练，可以锻炼学习者的灵活移动能力，也可以改善拳手不同拳法的出拳姿势、力度。可着重对重拳进行练习。

4.1.3 沙袋

拳击沙袋的材质一般分为帆布、牛津布、仿皮和皮 4 种类型。在训练中所用的沙袋有实心、空心和水沙袋 3 种，实心沙袋会使用沙子、锯末、谷物等材料进行填充。根据沙袋的大小和适用范围又分为几种不同的类型，下面介绍其中的两种。

● **圆柱形**

器材介绍：标准的圆柱形沙袋内部装的是布片、丝绵等较软材料做成的胆包，沙袋表面用皮革或仿皮包裹。沙袋高约 100 厘米，直径为 30 厘米，重量为 15 ~ 20 千克。一般用绳索或铁链吊起。

器材功用：主要发展学习者的身体力量，提高全身的协调性；更重要的是可以有效增强手臂等肢体的专项击打力量。同时也可以通过打沙袋训练技术和战术。训练过程中要使用拳击手套或击打沙袋的专用手套。

● **梨形**

器材介绍：其外形为梨形，上细下粗。材质、制作方法与圆柱形沙袋相同。

器材功用：主要锻炼运动员的耐力、出拳速度及攻击准确性。根据其外形特征可以针对不同拳法进行练习。

4.1.4 弹簧球

器材介绍：弹簧球是一种上下被拉扯的速度球，类似于沙袋，是一个移动的攻击目标，更接近实战情况。

器材功用：着重训练运动员的躲避与攻击速度，提高手眼的协调能力和对距离的掌控能力，也是训练预判能力和准确性的有效手段。

4.1.5 帽球

器材介绍：帽球是一种头戴式的拳击速度球，用拉力绳的两端分别连接头带和弹力球，运动员需将其戴在头上进行训练。

器材功用：运用帽球进行训练可以进一步提高运动员的反应能力和出拳速度，锻炼眼睛与手的协调能力。可以准确控制出拳力度和攻击方向，增加肌肉弹性。帽球的练习与其他速度球相比难度较大，对运动员的技能要求就更高。如果帽球训练和脚下步法配合运用，将会很大程度地提高学习者的手、眼、身、步的协调能力。

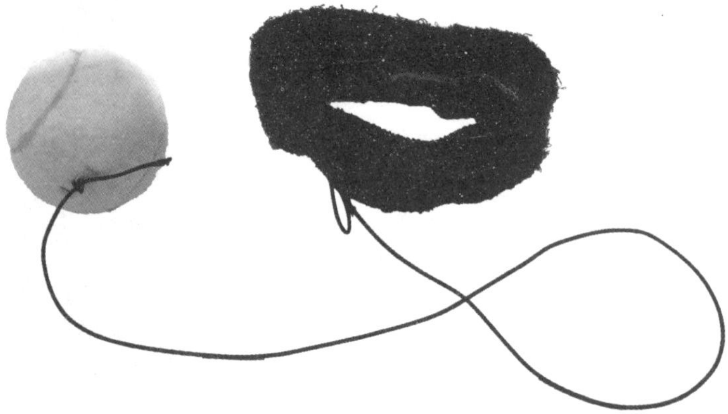

4.1.6 皮筋

皮筋一般由橡胶、乳胶制成，极具弹性。在训练中所用的皮筋又分为很多种类，针对不同部位的训练进行选择。下面介绍两种训练所用的阻力皮筋。

● 空气阻力皮筋

器材介绍：运动弹力皮筋的一种，主要用于空击训练。弹性强。

器材功用：运动员已经熟练掌握空击的基础技术后，要进一步提高出拳和收拳的速度、力量以及技术动作的规范性，利用空击阻力皮筋就可以很好地达到训练目标。

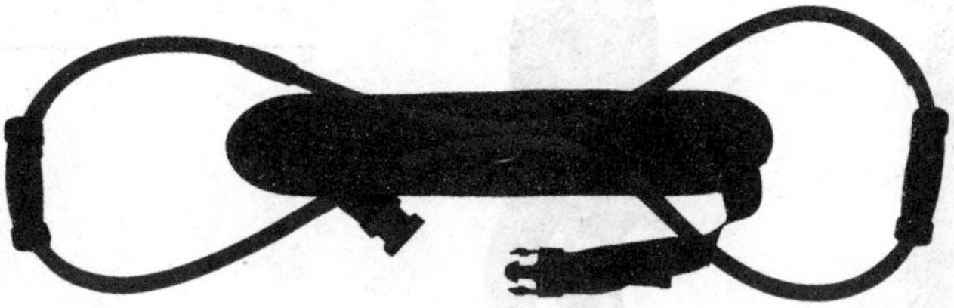

● 腿部训练阻力皮筋

器材介绍：主要用于运动员训练腿部力量，长度较长。在练习过程中将两端分别固定于脚踝处，并将皮筋固定。两腿可变换多种动作进行训练。

器材功用：可有效地锻炼腿部肌肉力量，增强腿部爆发力，提高移动速度和敏捷性，同时使腿部关节更具稳定性。

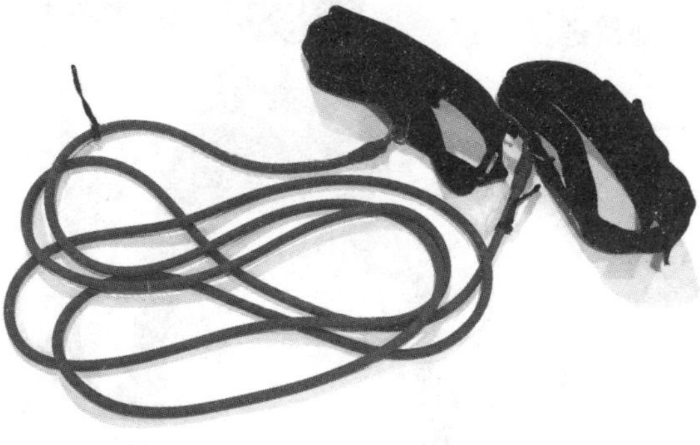

4.2 手靶训练

4.2.1 基本姿势

甲方　　　　乙方

⊙ 动作

乙方双手持手靶于体前。甲方呈基本姿势。

4.2.2 前手直拳

⊙ 动作

甲方前脚向前上步，后腿跟进，以前手直拳击靶。

4.2.3 后手直拳

⊙ 动作

甲方后脚的脚掌蹬地，向前跟进一小步，以后手直拳击靶。

4.2.4 前手摆拳

⊙ 动作

甲方前脚向内蹬转，以前手摆拳击靶。

4.2.5 后手摆拳

用力蹬地

动作

甲方后脚的脚掌蹬地，用后手摆拳击靶。

4.2.6 前手勾拳

双膝微屈

动作

甲方双膝微屈前脚蹬转，以前手上勾拳击靶。

4.2.7 后手勾拳

动作

甲方向左转动身体，以后手上勾拳击靶。

4.3 沙袋训练

4.3.1 基本姿势

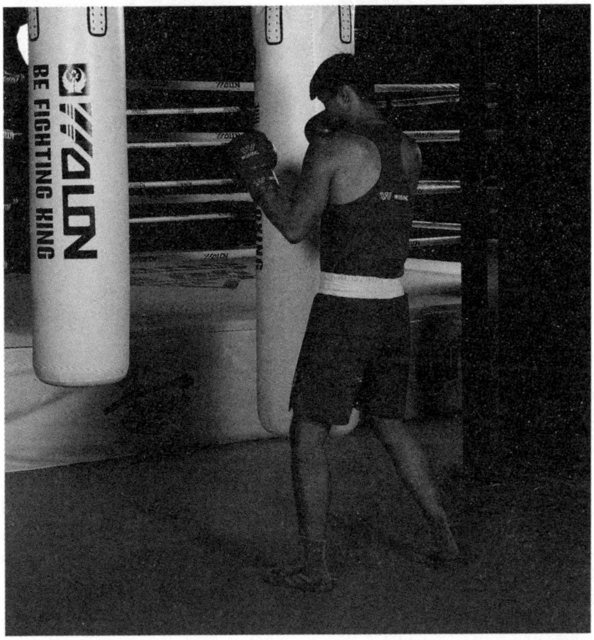

⊙ 动作

由基本姿势准备，左脚在前。

4.3.2 前手直拳

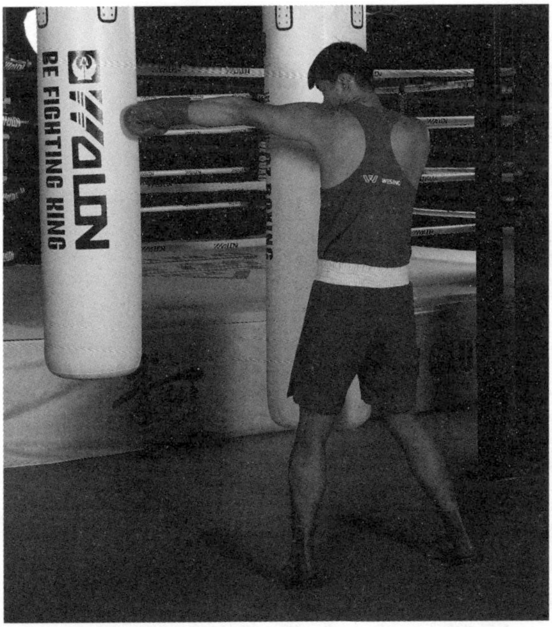

⊙ 动作

前脚的脚掌蹬地，转动腰部，以前手直拳击打沙袋。

4.3.3 后手直拳

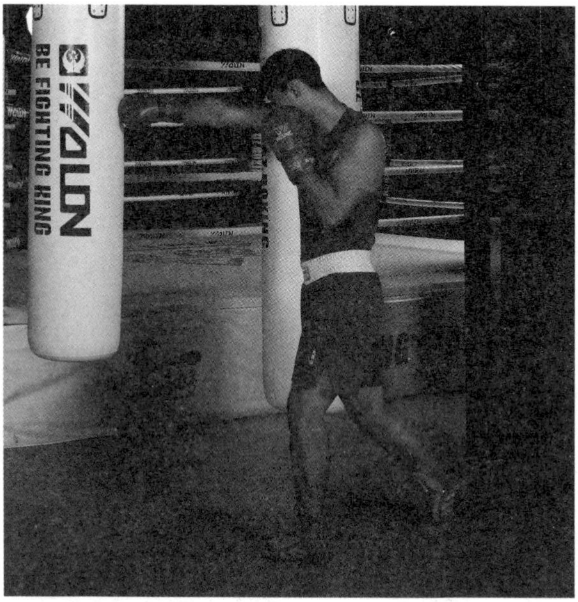

⊙ 动作

后脚的脚掌蹬地，转动腰部，以后手直拳击打沙袋。

4.3.4 前手摆拳

⊙ 动作

前脚的脚掌蹬地，转动腰部，上抬手肘，手臂与肩平齐，以前手摆拳击打沙袋。

4.3.5 后手摆拳

⊙ 动作

后脚的脚掌蹬地，转动腰部，以后手摆拳击打沙袋。

4.3.6 前手勾拳

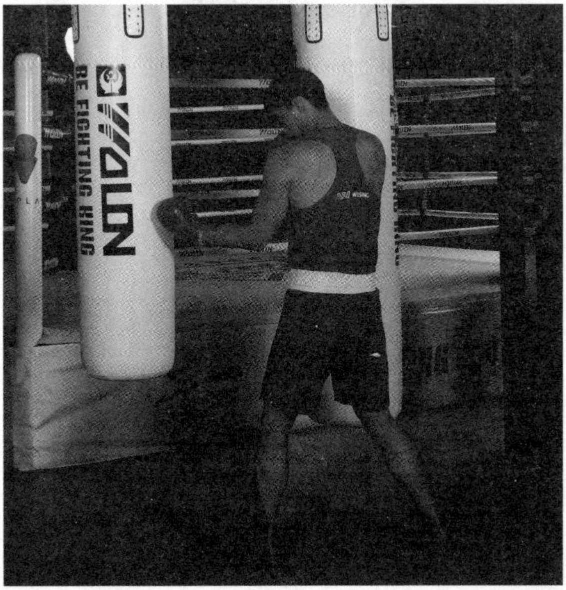

⊙ 动作

两腿微屈，前脚的脚掌蹬地，以前手上勾拳击打沙袋。

4.3.7 后手勾拳

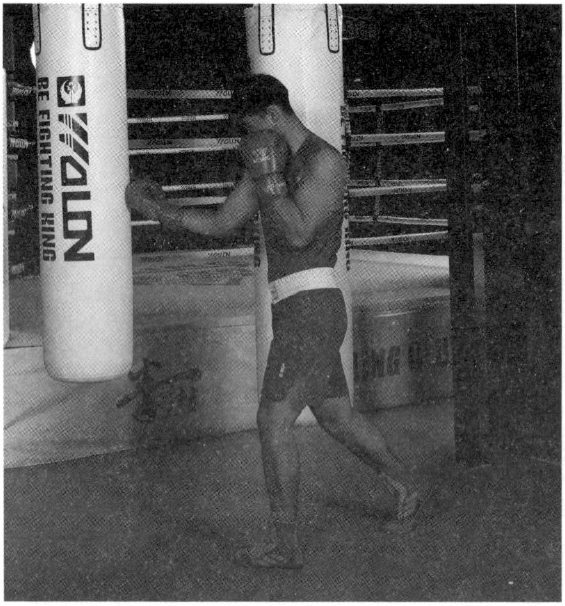

◎ 动作

后脚的脚掌蹬地，转动腰部，以后手上勾拳击打沙袋。

4.4 空气阻力皮筋训练

4.4.1 前手直拳

◎ 动作

前脚的脚掌蹬地，以前手直拳加速出拳，同时感受出拳手臂拉伸的力量。

4.4.2 后手直拳

⊙ 动作

后脚的脚掌蹬地，顺势以后手直拳出拳，用整个手臂的力量带动弹力皮筋拉伸。

4.4.3 前手摆拳

⊙ 动作

前脚的脚掌蹬地，手臂与肩膀平齐，以前手摆拳出拳，感受手臂与背部的拉伸。

4.4.4 后手摆拳

动作

后脚的脚掌蹬地，以后手摆拳出拳，注意动作要具有爆发力，并注意收拳速度。

4.4.5 前手勾拳

动作

前脚的脚掌转动，顺势以前手勾拳带动皮筋的拉伸，同时感受上臂发力和拉伸的感觉。

4.4.6 后手勾拳

动作

后脚的脚掌蹬地，以后手勾拳进行爆发力击打。

4.4.7 组合拳

⊙ 步骤

① 后脚的脚掌蹬地，以后手摆拳出拳。

② 前脚的脚掌向内侧转动，顺势用前手直拳出拳。

③ 后脚的脚掌蹬地，以后手勾拳出拳。

④ 前脚的脚掌向内侧转动，顺势以前手摆拳出拳。在整个组合拳过程中，手臂和背部都能感到快速的加速度拉伸。